**CONTE** *verlag*

# DIE JAMAIKA CLIQUE

Wilfried Voigt

## Machtspiele an der Saar

CONTE *politik*

*Der Autor bedankt sich bei allen, die durch Dokumente und Quellen-
hinweise, vor allem aber durch ausführliche, offene und auch
kontroverse Gespräche zum Gelingen des Buches beigetragen haben.
Dutzende von Gesprächspartnern aus den im Landtag vertretenen
Parteien und Experten gesellschaftlich engagierter Organisationen
opferten dafür ihre Zeit. Viele baten um Vertraulichkeit.
Deshalb wird generell auf die Nennung von Namen verzichtet,
die Liste wäre sonst sehr unvollständig.*

*Eine Person soll jedoch genannt werden. Mein besonderer Dank gilt
Sibille Strauch, ohne die das Buch nicht zustande gekommen wäre.*

Wilfried Voigt

Bibliografische Information der Deutschen Nationalbibliothek
Die Deutsche Nationalbibliothek verzeichnet diese Publikation
in der Deutschen Nationalbibliografie; detaillierte bibliografische
Daten sind im Internet über http://dnb.d-nb.de abrufbar.

ISBN 978-3-941657-17-5

© Wilfried Voigt
© CONTE Verlag GmbH, 2011
Am Ludwigsberg 80-84
66113 Saarbrücken
Tel:      (06 81) 4 16 24-28
Fax:      (06 81) 4 16 24-44
E-Mail:   info@conte-verlag.de
Verlagsinformationen im Internet unter www.conte-verlag.de

Fotografien:            Presseagentur Becker & Bredel
Druck und Bindung:      PRISMA Verlagsdruckerei GmbH, Saarbrücken

# INHALT

# EINE POLITISCHE BETTELKAMPAGNE

*Rot hilft Grün und Grün wählt Müller*

Donnerstag, 27. August 2009. Noch drei Tage bis zur Landtagswahl an der Saar. 17 Uhr, in einer Stunde beginnt die zentrale Abschlusskundgebung der Sozialdemokraten im Saarbrücker E-Werk. Vom Band wummert die Techno-Hymne *Infinity* von Guro Josh Project in die ehemalige Industriehalle, mehr als zweitausend schwitzende Anhänger drängen sich vor der Bühne. Über hundert Journalisten vervollständigen den Auftrieb. Sie sind aus der ganzen Republik angereist, viele aus Berlin. Der Wahlkampf wird bundesweit beachtet. Die meisten rechnen mit einem spektakulären Ergebnis.

Maas ist soeben mit seiner Frau Corinna und seiner Referentin Stefanie Brill in einem silbergrauen Audi A8 eingetroffen. Ein Fahrer hat ihn zuhause in Saarlouis abgeholt. Vor einem Hintereingang wartet schon sein Büroleiter Stefan Rauber. Auf einem Weg hinter der Halle vorbei erreicht das Quartett unbemerkt die VIP-Räume. Maas ist angespannt. Es ist sein zweiter Anlauf als Spitzenkandidat. Bei der Wahl 2004 stürzten die Sozialdemokraten auf 30,8 Prozent ab, ein dramatischer Verlust von 13,6 Prozent. Er hofft auf ein zumindest stabiles Ergebnis. Das Team ist optimistisch. Diesmal wird es klappen.

Umfragen signalisieren einen knappen Vorsprung für eine erste rot-rot-grüne Koalition auf Landesebene. Das liegt auch an einem Mann, dem die Saar-Sozialdemokraten rauschende Erfolge zu verdanken haben: Oskar Lafontaine. Dem Charismatiker und seiner Linkspartei werden um die 20 Prozent vorhergesagt. Kommt es zur spektakulären Wende und zu einem Comeback des Ex-SPD-Bundesvorsitzenden an der Saar? Wird er den alten Genossinnen und Genossen zu einer Rückkehr in die Staatskanzlei des kleinsten Flächenlandes der Republik verhelfen, in der er von 1985 bis 1998 als Ministerpräsident unangefochten und autoritär regierte? Kann SPD-Spitzenkandidat Heiko Maas nach zehn Jahren CDU-Alleinregierung Ministerpräsident Peter Müller ablösen?

Im letzten SPD-Kabinett unter Lafontaine-Nachfolger Reinhard Klimmt war Maas, damals 33, jüngster Umweltminister der Republik. Bis CDU-Mann Müller im September 1999 überraschend und knapp die absolute Mehrheit gewann. Weil Lafontaine damals den Bettel als Finanzminister im ersten Kabinett von Bundeskanzler Gerhard Schröder hingeschmissen hatte, glauben die Sozialdemokraten. Das nehmen sie ihrem alten Vormann noch immer übel. Hätte er in Berlin durchgehalten, hätten sie die Wahl damals gewonnen. Da sind sie ganz sicher. Auch Maas glaubt das. Aber vielleicht kann Lafontaine die Scharte auswetzen. Diesmal mit Hilfe seiner neuen Polit-Truppe.

Maas überrascht Rauber mit der Nachricht von einem Telefonat mit dem Grünen-Landes- und Fraktionsvorsitzenden Hubert Ulrich. Der habe gegen halb fünf bei ihm angerufen. Maas erzählt seinem Büroleiter, Ulrich treibe große Angst um, die Fünf-Prozent-Hürde nicht zu schaffen. Der SPD-Spitzenkandidat solle deshalb unbedingt die Großveranstaltung nutzen und ein paar gute Worte für die Grünen einlegen. Ulrichs Furcht ist nicht grundlos, die Grünen an der Saar schnitten noch nie besonders gut ab, sie landeten stets unter 6 Prozent.

*»Die Grünen waren in der Vergangenheit
immer ein verlässlicher Partner.
Und wenn sie den Politikwechsel wollen,
dann kriegen sie ihn. Aber nur mit uns.«*

Der SPD-Landeschef zögert. Er bittet Rauber, SPD-Landesgeschäftsführer Stephan Schweitzer zu holen, der zum engsten Beraterstab gehört und mit der Regie der Abschlusskundgebung beauftragt ist. Eine Lobespassage für den potenziellen Koalitionspartner hat Maas nicht geplant. Er will sich auf die eigene Partei konzentrieren. Es geht um die SPD. Der Spitzenkandidat möchte sich nicht festlegen. Bloß keine missverständlichen Sätze so kurz vor der Wahl, eine Koalitionsaussage ist erst nach der Abstimmung geplant. Hubert Ulrichs Wunsch erscheint ihm zu viel verlangt. Eine indirekte Leihstimmenkampagne. Kaum zumutbar, findet auch Maas' Ehefrau Corinna, Ulrichs Drängen nähme geradezu »unverschämte Züge« an. Der herbeigeeilte Schweitzer und Rauber sehen das zwar auch so, raten ihm aber dennoch dringend zu. Er solle Ulrich die erbetene Unterstützung geben, solle die Bedeutung der Grünen für die Regierungsbildung hervorheben. Kämen die nicht in den Landtag, sei es äußerst ungewiss, ob es für SPD und Linke zu einem rot-roten Bündnis reiche. Eine Hilfestellung für die Grünen würde sie auch »verpflichten«, meint Schweitzer. Mit ihren »ständigen Bitten nach Unterstützung« würden sie zwar »langsam, aber sicher wirklich übertreiben«. Dennoch, man sei wohl auf sie angewiesen. Rauber murmelt, die Grünen hätten der SPD in der ablaufenden Legislaturperiode »im Landtag fast schon auf dem Schoß gesessen«. Es sei »unvorstellbar«, dass sie ausgerechnet der CDU, die die Grünen oft »miserabel« behandelt habe, wieder zur Macht verhelfen würden.

Während unten im Saal die Anhänger ungeduldig werden und auf den Einmarsch des Lokalmatadoren und des zur Unterstützung angereisten SPD-Kanzlerkandidaten Frank-Walter Steinmeier warten, argumentieren Schweitzer und Rauber immer hektischer. Es ist laut und heiß, Maas überlegt noch. Ulrich habe ihm am Telefon gesagt, wenn die Grünen nicht reinkämen, werde es Schwarz-Gelb geben. Nur mit den Grünen könne Müller verhindert werden. Der Spitzenmann versichert seinen Mitarbeitern, er habe dem Grünen klar gemacht, dass er ihn nicht unterstütze, damit er am Ende Müller zum Ministerpräsidenten wählt. Die Zeit drängt, Maas muss runter in den Saal, Steinmeier wartet, außerdem ist soeben der sozialdemokratische Luxemburger Außenminister Jean Asselborn vorgefahren. Er wird gleich die Lobrede auf Maas halten. Es geht los: Klatschparade, Einzug der Kandidaten. Bodyguards bahnen Maas und Steinmeier den Weg zum Podest. Niemand außerhalb des engsten Kreises erfährt von Ulrichs Anruf. Keiner im Saal ahnt, dass das Lob für die Grünen, das der Sozialdemokrat schließlich in seine Rede einbaut, Ergebnis einer massiven grünen Bettelkampagne ist.

## Maas wirbt für die Grünen

Ulrich kann mit dem Ergebnis seines Anrufes zufrieden sein. Maas sagt: »Die CDU hat sich den Staat zur Beute gemacht. Aber dieses Land gehört nicht der CDU. Dieses Land gehört allen Bürgerinnen und Bürgern und am Sonntag kann man es sich zurückholen.« Und: »Die saarländische Sozialdemokratie will im Saarland einen politischen Wechsel. Und lasst mich mal aus aktuellem Anlass, weil da in den letzten Tagen und Wochen viel darüber geschrieben und diskutiert worden ist, auch mal eines sagen. Auch die Grünen im Saarland wollen diesen Politikwechsel. Und auch die Grünen wollen, dass ich Ministerpräsident werde.« Deshalb, versichert Maas, habe er »kein Interesse daran, dass die Grünen besonders geschwächt werden«. Denn: »Wir werden bei dieser Wahl Partner brauchen.« Und aus seiner Erfahrung mit den Grünen im Parlament und »auch an vielen anderen Stellen« könne er sagen: »Die Grünen waren in der Vergangenheit immer ein verlässlicher Partner. Und wenn sie den Politikwechsel wollen, dann kriegen sie ihn. Aber nur mit uns.« Großer Applaus.

Ulrichs telefonische Kontaktaufnahme vor der SPD-Abschlusskundgebung ist kein Einzelfall in diesem Wahlkampf. Maas-Büroleiter Stefan Rauber berichtet von »unzähligen Telefonaten« des Grünen-Vorsitzenden mit Heiko Maas. Ulrich habe immer wieder »darum gebeten, dass die SPD *etwas* für die Grünen tun soll«. Rauber: »Das ging so weit, dass Ulrich am Samstagnachmittag vor der Wahl sich von einem SPD-Infostand in der Saarbrücker Bahnhofstraße vom Handy des potenziellen SPD-Wirtschaftsministers Rainer Knauber aus meldete und mit Maas sprechen wollte.« Der sportbegeisterte SPD-Spitzenkandidat, ein Hobby-Triathlet, sitzt zu dieser Zeit im Stadion des 1. FC Saarbrücken, einem beliebten Treffpunkt von saarländischen Polit-Promis und Wirtschaftsgrößen.

Die Sozialdemokraten helfen aus. Gegenüber Journalisten verweisen sie auf die Bedeutung der Grünen für die Regierungsbildung im Saarland. Auf www.wer-kennt-wen.de, einer Internet-Seite, betont Heiko Maas, ein Politikwechsel im Saarland sei ohne die Grünen kaum möglich.

Aber Ulrich gräbt nicht nur die SPD an, er ackert auch heftig in deren Umfeld. Etwa bei der Arbeiterwohlfahrt, AWO, in seinem Heimatkreis Saarlouis. Am Samstagnachmittag vor der Landtagswahl klingelt beim AWO-Kreisvorsitzenden Otmar

Meier das Telefon. Die Nummer des Anrufers ist unterdrückt. Meier, der gerade zuhause in seinem Wintergarten sitzt, nimmt den Anruf trotzdem an. Hubert Ulrich kommt gleich zur Sache.

*»Wer grün wählt, wird sich schwarz ärgern.«*

Er fragt Meier nach dessen Erinnerung direkt, ob er sich nicht innerhalb seiner Organisation für die Grünen stark machen könne. Die Umfragen seien nicht berauschend. Es komme auf jede Stimme an und es sei doch »gut für die gemeinsame Sache«. Meier, obwohl bekennender Anhänger von Rot-Grün, weist Ulrichs Anliegen zurück: »Ich habe ihm gesagt, das würde ich nicht tun.« Denn: »Das hätten mir die Kollegen sehr übel genommen.« Schließlich seien nicht nur Sozialdemokraten bei der Arbeiterwohlfahrt engagiert. Trotzdem habe Ulrich versucht, ihn zu überzeugen, »innerhalb der AWO für die Grünen Werbung zu machen«. Otmar Meier: »Den Grünen ging kurz vor der Wahl der Arsch regelrecht auf Grundeis, die hatten Angst, aus dem Landtag zu fliegen.« Nach der Wahl wird Ulrich bestreiten, um Stimmen gebettelt zu haben. Das Angebot sei von der SPD gekommen, da habe er natürlich nicht Nein gesagt. Die Sozialdemokraten fassen es nicht.

Sonntag, 30. August 2009, 18 Uhr. Die ersten Prognosen der Fernsehsender signalisieren ein politisches Beben an der Saar. Die Christdemokraten mit ihrem Spitzenmann Peter Müller verlieren 13 Prozent, stürzen von 47,5 auf 34,5 Prozent ab. Einer der schwersten Verluste, die ein Ministerpräsident bundesweit hinnehmen musste. Konkurrent Heiko Maas ringt dennoch schwer nach Luft: Die Sozialdemokraten schrumpfen weiter auf unfassbare 24,5 Prozent. Dafür ist die Konkurrenz von den Linken mit Oskar Lafontaine an der Spitze geradezu explodiert. Die Saarländer katapultieren *de Oskar* auf 21,3 Prozent, gemessen am letzten saarländischen Ergebnis der PDS ein Zuwachs von 19 Prozent.

Heiko Maas (2. v. l.) mit seinem Team: Charlotte Britz,
Ulrich Commerçon, Reinhold Jost (v. l. n. r.)

Dies lindert die spontane Verzweiflung der Sozialdemokraten.
Einige Jungsozialisten pressen einen Schrei der Erleichterung heraus, als das Ergebnis der Linkspartei im SPD-Wahlzentrum in
der Volkshochschule am Saarbrücker Schlossplatz im Fernsehen
gemeldet wird.

Es könnte doch für einen Politikwechsel reichen. Zwar stei-
gert sich die an der Saar bis dahin schwache FDP um satte
4 auf 9,2 Prozent. Aber das wäre zu wenig für ein konservatives
schwarz-gelbes Bündnis. Die Grünen strahlen. Zwar haben sie
mit 5,9 Prozent angesichts der im Sommer 2009 bundesweit
günstigen Stimmungslage für die Grünen objektiv wieder einmal nur ein schwaches Ergebnis erzielt. Aber sie bleiben im Parlament und haben dazu das große Los gezogen: Ohne sie wird in
den kommenden fünf Jahren im saarländischen Landtag nichts
mehr laufen. Es sei denn, CDU und SPD würden sich für eine
große Koalition entscheiden; schon an diesem Abend allerdings

**13**

eine völlig unwahrscheinliche Konstellation. Für SPD-Vormann Heiko Maas ist klar, dass es real nur zwei Möglichkeiten gibt: politischer Neuanfang oder Opposition. Juniorpartner an der Seite eines CDU-Ministerpräsidenten wäre für ihn keine ernsthafte Option. Rechnerisch reicht es für eine Linkswende an der Saar, Rot-Rot-Grün hat drei Mandate Vorsprung vor Schwarz-Gelb.

>>*Die mit absoluter Mehrheit regierende CDU ist verbraucht, sie bedrückt die Menschen durch rücksichtslose Machtausübung, missachtet Bürgervoten und verhält sich obrigkeitsstaatlich.*<<

Mit ihren drei Abgeordneten können die Grünen freilich auch einer schwarz-gelb-grünen Koalition zur Mehrheit verhelfen. Diese Möglichkeit einer *Jamaika*-Konstellation, benannt nach den Farben der Nationalflagge des Karibikstaates, verdrängen Sozialdemokraten und Linke an diesem Tag erstmal. Als atmosphärisch gutes Zeichen empfinden es Maas und seine Vertrauten, dass Grünen-Vorsitzender Hubert Ulrich den Wahlabend bis Mitternacht bei der SPD-Fraktion im Landtag verbringt. Gemeinsam mit dem Grünen-Bundesvorsitzenden Cem Özdemir, der den Saar-Grünen in den kommenden Wochen beistehen wird. Manche spotten, der Bundesvorstand habe Özdemir als Aufpasser geschickt, weil er Ulrich nicht über den Weg traue. Wenige Wochen später wird sich herausstellen: Ulrich, Spitzname *Der Panzer*, lässt sich von den Berlinern nicht bremsen. Auch nicht von Özdemir, der angeblich auf rot-rot-grünem Kurs ist.

Am Wahlabend startet der Grünen-Landesvorsitzende Phase zwei auf dem Weg in die Regierung. Dabei hilft ihm eine

besondere Fähigkeit, die er nun, nach der erfolgreichen Bettelkampagne für Leihstimmen, erneut exzessiv einsetzen wird:
Ulrich ist ein Meister im Strippenzieher. Ähnlich wie CDU-
Bundeskanzler Helmut Kohl in seinen Hochzeiten auf Bundesebene, knüpfte der Grünen-Landesvorsitzende im Lauf
von zwei Jahrzehnten im Saarland ein dichtes Netzwerk von
Gefolgsleuten. Eines der wichtigsten Instrumente ist dabei
das Telefon. Damit steuert Ulrich Delegierte, Abgeordnete,
Funktionäre der eigenen Partei und ist auch bei seinen Ver-
handlungspartnern von den anderen Fraktionen beinahe
dauerpräsent.

## Spektakuläres Wendemanöver

Es folgt eines der spektakulärsten Wendemanöver in der bun-
desdeutschen Parteiengeschichte. Während Ulrich bis zur Landtagswahl auf Deck stets Backbord ansagt, bereitet er in der Kajüte
längst den Kommandowechsel zu Steuerbord vor. Am 8. November 2009 stimmen nur zehn von rund 130 Delegierten auf dem
Grünen-Landesparteitag im saarländischen Spiesen gegen eine
Koalition mit Christdemokraten und Liberalen. Viele Delegierte
hat Ulrich zuvor in direkten Gesprächen oder telefonisch auf den
neuen Kurs getrimmt. Der schwache Widerstand im Landesverband ist schnell gebrochen. Am 10. November wählen die drei
Grünen-Landtagsabgeordneten Hubert Ulrich, Claudia Willger-
Lambert und Markus Schmitt den von ihnen zuvor als politische
Gruselfigur attackierten CDU-Mann Peter Müller zum Minis-
terpräsidenten des Saarlandes.

Heiko Maas und seine Sozialdemokraten sind fassungslos.
Alles schien so sicher auf ein rot-rot-grünes Bündnis hinauszu-
laufen. Die SPD-Spitze fällt – wie viele Wähler auch – auf eine
optische Täuschung herein. Ulrich inszeniert im Spätsommer

und Herbst 2009 eine politische Fata Morgana. Nur der alte Karawanenführer Oskar Lafontaine erkannte die Luftspiegelung früh und unkte schon vor der Wahl: »Wer grün wählt, wird sich schwarz ärgern.«

Dabei ist das Grünen-Programm für die Landtagswahl 2009 als massive Kampfansage an die Union formuliert und weitgehend deckungsgleich mit der Kritik von Sozialdemokraten und Linken. Der Leitsatz lautet: »Nach zehn Jahren konservativer Regierung braucht das Saarland dringend den Wechsel.« Denn: »Die mit absoluter Mehrheit regierende CDU ist verbraucht, sie bedrückt die Menschen durch rücksichtslose Machtausübung, missachtet Bürgervoten und verhält sich obrigkeitsstaatlich.« Die Politik der Konservativen habe »die soziale Spaltung des Landes vertieft«. Außerdem seien die Wirtschaftsdaten des Landes »schlecht«, eine Wende in der Energiepolitik »nicht in Sicht« und die Bildungschancen der Kinder und Jugendlichen im Saarland durch eine »rigide Auslesepolitik an den Schulen und Hochschulen verringert worden«. Die Angebote für Bildung und Betreuung von Kleinkindern im vorschulischen Bereich kritisieren die Grünen als »völlig unzureichend«, die Vereinbarkeit von Familie und Beruf sei »nicht gewährleistet«. Es fehlten zudem Krippenplätze, ganztägige Kita-Plätze und echte Ganztagsschulen. Deshalb sei es »erforderlich, die CDU-Regierung abzulösen«.

Wer solche Sätze aufschreibt, kann nicht Peter Müller zum Regierungschef wählen, machen sich die Sozialdemokraten Hoffnung. Schon gar nicht, wenn er gleichzeitig sagt: »Auch wir wollen Heiko Maas als neuen Ministerpräsidenten.« Optimistisch hat die SPD deshalb die Sondierungsgespräche mit Grünen und Linkspartei inhaltlich vorbereitet und präsentiert – als einzige der drei Parteien – ein detailliertes Arbeitspapier. Die Verfasser wälzen dafür Wahlprogramme, werten stapelweise Anträge und Pressemitteilungen der Fraktionen aus. Als Verhandlungsort wird die idyllisch an einem Waldrand im nördlichen Saarland

Rot-rot-grüne Sondierungsgespräche: Oskar Lafontaine, Hubert Ulrich, Heiko Maas (v. l. n. r.)

gelegene Europäische Akademie Otzenhausen ausgewählt. Am 10. und am 17. September verhandeln die Sozialdemokraten dort mit den Grünen. SPD-Spitzenkandidat Heiko Maas wird unterstützt vom saarländischen SPD-Generalsekretär Reinhold Jost, dem Bildungsexperten der Landtagsfraktion Ulrich Commerçon, der Saarbrücker Oberbürgermeisterin Charlotte Britz und dem Landesgeschäftsführer Stephan Schweitzer.

Während der Sondierungsgespräche lässt sich die SPD-Delegation von der »überaus freundlichen und zuvorkommenden« Haltung der Ulrich-Gruppe beeindrucken Dazu gehören beim ersten Treffen die Grünen-Co-Landesvorsitzende Claudia Willger-Lambert, Fraktionsgeschäftsführer Markus Tressel und die Pressesprecherin Claudia Beck. Zu den Verhandlungsrunden zwei und drei bringt Ulrich den Schulspezialisten Klaus Kessler und den Umwelt- und Jagdexperten Klaus Borger mit.

Die Unterhändler sind nett zueinander. Beim einzigen rot-rot-grünen Treffen am 2. Oktober schenkt Heiko Maas Hubert Ulrich, Vater von vier Kindern, einen in den politischen Wunschfarben bemalten Bagger. Die eineinhalb Jahre alte Tochter Mira hat Ulrich zum Polit-Treffen mitgebracht. Nichts geht über die Familie, erzählte der Grüne in einem Interview schon vor der Landtagswahl. Am nächsten Tag ist das Foto der drei Männer mit Kind in der *Saarbrücker Zeitung* zu sehen. Auch Oskar Lafontaine hat sich ein Lächeln abgerungen. Heiko Maas, der auch privat Kontakt zur Familie von Ulrich pflegt, kann sich zu dieser Zeit einfach nicht vorstellen, dass das alles nur eine gut inszenierte Performance sein könnte, die die Saar-Grünen schließlich ins konservativ-neoliberale Lager führen wird.

Sehr locker ist die Stimmung auch, als sich die Sozialdemokraten am 13. September 2009 in der abgeschiedenen Tagungsstätte Otzenhausen mit der Delegation von Oskar Lafontaine treffen. Der wird von dem früheren saarländischen Verdi-Vorsitzenden Rolf Linsler und dem Linken-Fraktionsgeschäftsführer Heinz Bierbaum begleitet. Bierbaum, seit 1996 Professor für Betriebswirtschaft an der Hochschule für Wirtschaft und Technik in Saarbrücken, ist neben Lafontaine der wichtigste strategische Kopf der Linken an der Saar. Rolf Linsler wechselt nach fünfunddreißig Jahren Mitgliedschaft in der SPD 2007 zur Linkspartei – ein Coup von Oskar Lafontaine. Vergessen die Zeit, in der Linsler Mitte der Neunzigerjahre den »selbstherrlichen Stil« des damaligen SPD-Ministerpräsidenten Lafontaine öffentlich geißelt. Anlass für die Aufregung fünfzehn Jahre zuvor: Der Saar-Regent wollte die Lebensarbeitszeit der saarländischen Beamten um bis zu drei Jahre verlängern, rund tausend Stellen einsparen, Sonderurlaubstage für Behinderte im Öffentlichen Dienst, ein saarländisches Privileg, kappen und Beförderungen erschweren. Das Saarland war fast pleite, Ende 1998 lag der Schuldenstand bei rund 6,4 Milliarden Euro, obwohl Oskar

Lafontaine zwischen 1994 und 1998 eine beachtliche Teilentschuldung durchsetzen konnte. Vom Bund und den finanzstarken Ländern bekommt das Saarland insgesamt etwa vier Milliarden Euro Unterstützung. Unter CDU-Nachfolger Peter Müller explodiert die Verschuldung jedoch wieder. Mit etwa elf Milliarden Euro erreicht sie zu Beginn des Jahres 2010 einen neuen Höchststand.

Rolf Linsler rückte seinen heutigen Weggefährten Lafontaine Mitte der Neunzigerjahre in die Nähe von Arbeitgeberpräsident Klaus Murmann und echauffierte sich, Genosse Oskar sei »offenbar der Meinung, mit den Beamten seines Landes nach Gutdünken umspringen zu können«. Der SPD-Unterbezirk Saarlouis lehnte damals die Verlängerung der Lebensarbeitszeit von Beamten sogar per Beschluss ab. Heiko Maas, er lebt in Saarlouis, ist zu jener Zeit Vorsitzender der saarländischen Jungsozialisten, Landtagsabgeordneter und einer der Wortführer der parteiinternen Opposition. Er plädierte keck dafür, Lafontaine dürfe als Ministerpräsident nicht zugleich SPD-Landesvorsitzender sein. So etwas wie eine Majestätsbeleidigung: Lafontaine wurde damals nicht nur von externen Kritikern als *Napoleon von der Saar* oder *der kleine König* apostrophiert. Ungeachtet solcher Titel und Vorwürfe führte der politische Saar-Star den damals etwa vierzigtausend Mitglieder starken SPD-Landesverband unangefochten bis 1996.

Im Jahr zuvor hatte er den damaligen rheinland-pfälzischen Ministerpräsidenten Rudolf Scharping auf dem Mannheimer Parteitag gestürzt und als SPD-Bundesvorsitzender abgelöst. 1998 wechselte er als Finanzminister in das erste rot-grüne Kabinett von Bundeskanzler Gerhard Schröder.

# Alte Wunden

Aber die Parteistatik war falsch berechnet: Am 11. März 1999 bricht die Säule Lafontaine mit großem Getöse weg. Unüberbrückbare Spannungen in der Finanz- und Wirtschaftspolitik entladen sich überraschend. Nach heftigen Kontroversen mit seinem Erzrivalen Schröder legt Lafontaine alle Ämter nieder und zieht sich frustriert ins Privatleben nach Saarbrücken zurück. Im September verliert die einst bundesweit einflussreiche saarländische SPD die Macht an die CDU. Die klaffenden Risse nach der innerparteilichen tektonischen Plattenverschiebung können nicht einmal kosmetisch geglättet werden. Auch nach dem Ausstieg von Lafontaine aus der SPD und seinem Einstieg bei der Linken rumort es weiter. Die große Wunde verheilt nur sehr langsam. Kaum hat sich oberflächlich eine dünne Kruste gebildet, platzt sie schon wegen geringster falscher Bewegungen wieder auf. Mitte 2010 gibt es an der Saar nur noch rund 21 500 Sozialdemokraten mit Parteibuch. Lafontaines neue Partei bringt es auf Landesebene trotz einer Karteibereinigung, bei der im Frühjahr 2010 rund tausend Anhänger ausgeschlossen werden, weil sie keine Beiträge zahlen, immerhin auf etwa 2 500 Mitglieder.

Diese bewegte Geschichte nistet noch im Gedächtnis der rot-rot-grünen Protagonisten, als sie sich zehn Jahre später anschicken, eine Regierungskoalition im Saarland zu konstruieren. Das einzige Treffen in der Dreierkonstellation, am 2. Oktober 2009 in einem Konferenzraum der Landesmedienanstalt in Saarbrücken, verläuft unspektakulär. Diskutiert wird entlang eines Entwurfes für einen Koalitionsvertrag, den die Sozialdemokraten vorgelegt haben. Nach dem Treffen, erinnern sich Teilnehmer, bedankt sich die Grünen-Abgeordnete Claudia Willger-Lambert »unter Tränen« für die »professionelle Durchführung« und die damit ermöglichte politische Perspektive.

Tatsächlich können die Grünen das SPD-Papier auch bei ihren Gesprächen mit Christdemokraten und Liberalen als praktische und hilfreiche Vergleichsgrundlage nutzen, eine schöne Arbeitserleichterung.

Erste konkrete Hinweise auf einen Kurswechsel zugunsten einer schwarz-gelb-grünen Koalition erhält die SPD wenige Tage vor dem Grünen-Parteitag am 11. Oktober, der über die Aufnahme von Koalitionsverhandlungen entscheiden soll. SPD-Generalsekretär Reinhold Jost kann sich »noch gut daran erinnern, dass sogar schon während der Sondierungsgespräche von umfangreichen Telefonkontaktaufnahmen Hubert Ulrichs gegenüber seinen grünen Mitgliedern berichtet wurde, in denen offenkundig die Bereitschaft auf eine Jamaika-Koalition getestet werden sollte«. Jost nahm dies in dieser Zeit jedoch deshalb noch nicht so ernst, weil in den Sondierungsgesprächen »stets der Eindruck erweckt wurde, dass man rot-rot-grün will«.

Trotzdem will die SPD-Spitze noch immer nicht glauben, dass Ulrich das Wende-Manöver wirklich durchzieht. Zu sehr sind den führenden Genossen die Bettelaktionen des vermeintlichen Verbündeten präsent. Immer wieder beruhigt sich Heiko Maas mit der vielfachen öffentlichen Versicherung des Grünen-Chefs, er wolle den politischen Wechsel an der Saar und den Sozialdemokraten als Ministerpräsident unterstützen. Doch am 8. Oktober 2009, nach einer SPD-Landesvorstandssitzung im Landtag, drei Tage vor dem Grünen-Parteitag, kippt die Stimmung. Anlass ist die Meldung, Oskar Lafontaine wolle nun doch im Saarland bleiben und die Linksfraktion führen. Jetzt erinnern sich Maas und seine Beratergruppe wieder an den Wahlabend im Büro des SPD-Fraktionsvorsitzenden.

In der kleinen rot-grünen Absackrunde, mit dabei der Grünen-Bundesvorsitzende Cem Özdemir, äußert Hubert Ulrich kurz vor Mitternacht Befürchtungen, die Aufstellung der Kandidatenliste der Linken für die Landtagswahl sei nicht rechtmäßig gewesen und die Wahl könne deshalb eventuell erfolgreich angefochten werden. Er bezieht sich dabei auf Beschwerden einer Handvoll Linken-Delegierter gegen den Ablauf der Kandidatenwahl im saarländischen Kreisverband Neunkirchen im März 2009. Bei diesem Treffen hätten Leute abgestimmt, die gar nicht in der Partei seien. Mangels Wahlkabinen hätten die Delegierten außerdem keine Chance gehabt, geheim zu wählen. Schließlich seien Stimmen zugunsten der Kandidatin Barbara Spaniol »gekauft« worden. Allein die Erwähnung dieses Namens ist für Hubert Ulrich ähnlich schlimm wie Zahnschmerzen. Die Diplom-Bibliothekarin war seit 2004 seine Fraktionskollegin, wechselt jedoch am 6. August 2007 überraschend zur Partei von Oskar Lafontaine. Die Grünen-Minifraktion schrumpft von drei auf zwei Abgeordnete, ein Tiefschlag. Dieser politische Coup verhalf der Linkspartei nach Bremen zu ihrer zweiten Abgeordnetenpräsenz in einem westdeutschen Landtag. Die Meldung lief bundesweit, die Fotos von Barbara Spaniol an der Seite eines strahlenden Lafontaine trieben Ulrich zur Weißglut.

Bis zum Wahlsonntag am 30. August 2009 agierte Barbara Spaniol als Einzelkämpferin im Plenum – und brachte die einstigen Parteifreunde hin und wieder in die Verlegenheit, sie im Parlament unterstützen zu müssen, um glaubwürdig zu bleiben. So stellte sie Anträge zur Schulpolitik, denen das verbliebene Grünen-Duo zähneknirschend zustimmte. Ein Nein hätte Ulrich als rachsüchtig desavouiert.

Es war klar: Zögen die Linken in den Saarbrücker Landtag ein, würde Spaniol eine exponierte Rolle spielen. Oskar Lafontaine ist ihr etwas schuldig für ihren Wechsel. Solange noch über eine rot-rot-grüne Koalition spekuliert wird, fällt ihr Name häufig. Eine zweite Personalie der Linksfraktion regt Ulrich ebenfalls mächtig auf: Auch der Ex-Grüne Ralf Georgi ist bei der angefochtenen Kandidatennominierung der Linken in Neunkirchen auf einen aussichtsreichen Listenplatz gewählt worden. Ihm und Barbara Spaniol haftet aus Sicht des Grünen-Vorsitzenden neben dem Vorwurf der Stimmenmanipulation beim Parteitag jedoch ein weiterer, aus seiner Sicht mindestens ebenso schlimmer Makel an: Sie sind privat und beruflich eng verbunden mit dem skandalumwitterten früheren Grünen-Landtagsabgeordneten und Arzt Andreas Pollak. Der Ehemann von Barbara Spaniol und zeitweise Arbeitgeber von Ralf Georgi war ehemals ein enger politischer Weggefährte Hubert Ulrichs.

Diese von Ulrich in kleiner Runde am Wahlabend problematisierten Personalien beschäftigten schon kurz vor der Landtagswahl am 30. August auch die Saarbrücker Zeitung und den *Saarländischen Rundfunk*. Denn die Beschwerdeführer der Linken haben sich medienwirksam einen Rechtsanwalt ausgesucht, der nicht nur bekennender Christdemokrat ist, sondern über beste Kontakte zum CDU-Ministerpräsidenten Peter Müller verfügt: Hans-Georg Warken aus Püttlingen. Warken ist ehrenamtlicher Richter am saarländischen Verfassungsgericht und war nach dem ersten überraschenden Wahlerfolg der Union 1999 sogar als Justizminister im Gespräch. Im Wahlkampf zehn Jahre später arbeitet er in einer Initiativgruppe, die per Zeitungsanzeigen Stimmung gegen die Linken an der Saar macht. Ihr Motto, ein Wortspiel: »Wir lassen uns nicht linken.« Der Jurist will sich die Gelegenheit, Lafontaines Gefolgschaft eventuell per Gerichtsentscheidung dezimieren zu können, nicht entgehen lassen. Warken prangert »Ungereimtheiten und Ungeheuerlichkeiten« an, es sei bei der Linken-Parteiveranstaltung »drunter und drüber« gegangen. Seine Beschwerde bei Landeswahlleiterin Karin Schmitz-Meßner wird jedoch aus formalen Gründen abgewiesen. Also erstattet der Jurist Strafanzeige gegen Vertreter der Linkspartei wegen des Verdachts der Abgabe falscher eidesstattlicher Versicherungen gegenüber dem zuständigen Kreiswahlleiter. Der sei von den Verantwortlichen der Partei »eindeutig getäuscht«

worden, die wahrheitswidrige Angaben zur Rechtmäßigkeit der Nominierung von Barbara Spaniol und Ralf Georgi in Neunkirchen abgegeben hätten.

Dass die linken Wahlanfechter ausgerechnet den umtriebigen Unionsmann als Rechtsvertreter beauftragen, führt schnell und nachvollziehbar zu der Spekulation, die Aktion sei ein abgekartetes Spiel. Jedenfalls ist sie wirkungsvoll. Der Landtag muss diese und andere Wahlbeschwerden prüfen. Das Problem: Im Saarland gab es bis Ende September 2010 kein Wahlprüfungsgesetz. Erst seitdem hat der Wahlprüfungsausschuss im Landtag klare Regeln, wie er mit Einsprüchen wegen angeblicher Wahlverstöße umzugehen hat. Aber es geschah lange nichts. Viel zu lange, wie Ende Januar 2011 der saarländische Verfassungsgerichtshof den Landtag rügte. Ein in der NPD aktiver Jurist, der seine Einwendungen bereits kurz nach der Landtagswahl 2009 vorgebracht hatte, monierte die Untätigkeit der Abgeordneten und bekam Recht. Das Parlament habe die Grundrechte des Mannes verletzt, weil es über seine Wahlanfechtung noch nicht entschieden habe. Der spektakuläre Richterspruch setzte das Plenum unter Druck. Bei Redaktionsschluss für dieses Buch war der Ausgang der diversen Wahlbeschwerden offen. Sollten sie bestätigt werden, könnte es zu Neuwahlen im Saarland kommen - mit möglicherweise gravierenden politischen Folgen. Derzeit verfügt Jamaika im Landtag über 27 der 51 Mandate (CDU 19, SPD 13, Linke 11, FDP 5, Grüne 3).

## Angst vor dem Alpha-Männchen

Es sind wohl jedoch weniger die angeblichen Manipulationen bei den Linken, die Ulrich kurz nach der Wahl umtreiben. Diese Vorwürfe dienen nur als willkommener Beleg für die »Unzuverlässigkeit« der Linkspartei. Vielmehr könnte ihn eine andere, viel persönlichere Sorge bewegen: die Rückkehr Lafontaines an die Saar. Denn der Grünen-Chef fürchtet den linken Vormann, der ihm permanent vorführen könnte, wer der wirkliche Boss ist. Eine Horrorvorstellung für Ulrich, für den es seit fast zwanzig Jahren ein Tagesgeschäft ist, jeden parteiinternen Widerstand zu brechen und keine ernsthafte Konkurrenz hochkommen zu lassen. So nutzt Ulrich die Meldung über den »sprunghaften« und »unberechenbaren« Polit-Heimkehrer Lafontaine als passenden Vorwand für sein Nein zu Rot-Rot-Grün. Von einer Rückkehr nach Saarbrücken sei in den Sondierungsgesprächen nicht die Rede gewesen, klagt der Grüne lauthals. Lafontaine habe versichert, er bleibe in Berlin. Rolf Linsler, Landesvorsitzender der Linken, bestreitet dies auf Nachfrage entschieden. Ulrich inszeniert seine Erregung über einen »Nebenministerpräsidenten« regelrecht – dabei müsste er die Rückkehr des Oberlinken eigentlich befürworten, hat er doch von Lafontaine nachdrücklich verlangt, dieser müsse dafür sorgen, dass die »linke Chaos-Truppe« zuverlässig arbeitet. SPD-Generalsekretär Reinhold Jost bewertet die Entscheidung von Lafontaine deshalb als »wichtiges Signal, dass er persönlich für die Verlässlichkeit innerhalb der Fraktion Die Linke Sorge tragen wird«.

Ulrich kann mit Lafontaine nicht, wie der auch nicht mit ihm. Er trägt ihm noch immer nach, dass er schon in den Achtzigerjahren alles unternahm, um den Grünen den Weg in den Landtag zu versperren. Damals holte der umtriebige Saar-Guru überraschend den zu dieser Zeit als *Container-Jo* in der Ökoszene bekannten Jo Leinen als Umweltminister in sein erstes Kabinett und nahm damit den Grünen eine Menge Wind aus den Segeln.

Aber selbst wenn Lafontaine in Berlin geblieben wäre: Im Fall eines rot-rot-grünen Bündnisses hätte er auch von der Spree aus massiven Einfluss auf die Politik an der Saar genommen. Der Standort seines Büroschreibtisches ist im Fall Lafontaines eine sekundäre Frage. Doch die Medien greifen Ulrichs Ausrede gern auf. Nicht nur die Saarbrücker Zeitung, auch überregionale Blätter finden die Jamaika-Variante attraktiv und transportieren den Vorwurf, der »unberechenbare« Lafontaine sei verantwortlich für das Scheitern der rot-rot-grünen Option. Auch die stellvertretende SPD-Vorsitzende Andrea Nahles macht sich die Kritik zu eigen: »Absicht oder nicht, Lafontaine agiert als Steigbügelhalter für einen abgehalfterten Ministerpräsidenten.« Ulrich kann so sein Wendemanöver leichter verkaufen und von seiner eigenen Verantwortung ablenken. Das Problem lässt sich nun mediengerecht personalisieren.

Diese Konstellation soll Ulrich bundesweite Resonanz bringen. Er will den Jamaika-Ruhm ernten, das erste schwarz-gelb-grüne Bündnis in einem Bundesland ermöglicht und damit eine »neue Option« geschaffen zu haben. Er ist stolz auf das Ergebnis seiner zunächst klandestinen Aktion. Endlich einmal bundesweite Aufmerksamkeit für einen Realo aus dem Saarland, der zuvor nicht gerade durch ungewöhnliche politische Initiativen aufgefallen ist.

Ulrich hatte bis dahin nur einmal überregional Schlagzeilen verursacht: Im Februar 1999, sieben Monate vor der Landtagswahl, kam heraus, dass er vier Fahrzeuge, die die Grünen-Landtagsfraktion mit einem Behördenrabatt von 30 Prozent gekauft hatte, privat erwarb und bald darauf praktisch ohne Verlust weiterveräußerte, in mindestens einem Fall sogar mit einem schmalen Gewinn. Ulrich trat unmittelbar nach Bekanntwerden der Vorwürfe vom Amt des Landesvorsitzenden zurück. Den lukrativen und einflussreichen Job als Vorsitzender der dreiköpfigen Fraktion im Landtag behielt er jedoch bis zum Ende der Legislaturperiode: Mit seiner eigenen und der Stimme seines späteren Intimfeindes Andreas Pollak, Ehemann von Barbara Spaniol, blieb er im Amt und bezog damit weiter doppelte Diäten. Gabriele Bozok, dritte im Bund, wählte ihn nicht mit. Sie beklagte öffentlich, Ulrich habe sie in der Autoaffäre zu Wohlverhalten nötigen wollen. Sie wird nicht wieder für den Landtag nominiert. Juristisch hat die peinliche Geschichte keine Folgen für Ulrich, die Staatsanwaltschaft stellte ein Ermittlungsverfahren ein, strafrechtlich sei ihm nichts vorzuwerfen gewesen. Vom Autokonzern erhält der Grüne öffentlich keine Unterstützung. Ford erklärt, die Sonderrabatte für die Autos seien ausdrücklich für die Fraktion und nicht für Ulrich persönlich bestimmt gewesen.

>>Absicht oder nicht, Lafontaine agiert als Steigbügelhalter für einen abgehalfterten Ministerpräsidenten.<<

Ein halbes Jahr später fliegen die Grünen mit 3,2 Prozent aus dem Landtag. Es ist übrigens die damals als vehemente Ulrich-Kritikerin bekannte Simone Peter, die im September 1999 als Spitzenkandidatin der Saarbrücker Grünen für den saarländischen Landtag antritt. Ein Jahr später gehört sie, gemeinsam mit der früheren Landesvorstandssprecherin Irmgard Jochum und dem späteren Saarbrücker Grünen-Bürgermeister Kajo Breuer, zu den Unterzeichnern eines harschen Beschwerdebriefes an die damalige Grünen-Bundesvorsitzende Renate Künast. In dem Schreiben üben die Verfasser massive Kritik an Hubert Ulrich und Andreas Pollak. Das >>skrupellose Vorgehen<< von deren Anhängern habe zu einer >>gravierenden Verschlechterung des Klimas in der Partei<< und zu vielen Austritten >>gerade von langjährigen und politisch aktiven Mitgliedern<< geführt. Zudem habe sich nach einem >>erstmaligen umfassenden Einblick in das Finanzwesen des Landesverbandes<< der >>seit Jahren bestehende Verdacht von Mitgliedermanipulationen und Mitgliederbetrug<< erhärtet. >>Filz, Manipulation und Vorteilsnahme<< sei >>Tür und Tor geöffnet<< worden. Die von der innerparteilichen Opposition erhoffte Unterstützung durch den

Bundesvorstand bleibt jedoch weitgehend aus. Die grünen Spitzenpolitiker in Berlin fühlen sich durch die innerparteilichen Querelen an der Saar nur noch genervt. Bald nach der Wahlniederlage geht Simone Peter nach Berlin und baut dort die Agentur für Erneuerbare Energien mit auf.

Ulrich startet unterdessen sein Comeback im Saarland. Nach der Einstellung des Ermittlungsverfahrens im Jahr 2001 wird er zunächst politischer Geschäftsführer. Seit Mai 2002 ist er wieder Landesvorsitzender der Partei. Sieben Jahre später holt er Simone Peter als Umweltministerin ins Kabinett der ersten Jamaika-Koalition. Ein geschickter Schachzug, damit bringt er die meisten seiner parteiinternen linken Kritiker zum Schweigen. Denn noch nach der Wahl im August 2009 war Simone Peter öffentlich für ein rot-rot-grünes Bündnis eingetreten. Für die promovierte Mikrobiologin, Tochter der SPD-Politikerin Brunhilde Peter, die von 1990 bis 1991 als Ministerin für Arbeit und Frauen dem Kabinett von Ministerpräsident Oskar Lafontaine angehört, ist Ulrich »das Grauen«. Als er die Naturwissenschaftlerin im Oktober 2009 mit der Frage überrascht, ob sie Umweltministerin in der Jamaika-Koalition werden will, gibt sie ihren Widerstand jedoch überraschend schnell auf. Gegenüber ihren einstigen parteiinternen Verbündeten, die dies als opportunistisch kritisieren, rechtfertigt sie sich damit, es sei angesichts der realen Verhältnisse besser, wenn sie Einfluss auf die konkrete Politik nehme als ein Repräsentant vom rechten Parteiflügel. Im Übrigen verstehe sie sich nun als Mittlerin. »Ja«, sagt auch der saarländische GEW-Vorsitzende Klaus Kessler, ursprünglich ebenfalls klarer Befürworter eines Linksbündnisses. Er nimmt Ulrichs Angebot an, Bildungsminister zu werden und verteidigt seine Entscheidung ähnlich wie Simone Peter. In beiden Ministerien werden zugleich dem Parteichef treu ergebene Staatssekretäre installiert: der Forstwirt Klaus Borger im Umweltressort, der Verwaltungsrichter Stephan Körner im Kultusministerium. Sicher ist sicher. Ulrichs Kalkül geht auf, das Prinzip *Teilen und Herrschen* scheint zu funktionieren. Seine Macht ist unangefochtener denn je, die innerparteiliche Opposition hat aufgegeben. Ohne parlamentarisches Mandat sind Simone Peter und Klaus Kessler politisch abhängig vom Partei- und Fraktionschef.

Dies alles ist noch Zukunftsmusik, als Ulrich im engsten Führungszirkel der Saar-Grünen die Weichen Richtung Jamaika stellt. Ulrich sucht für sich und seine Vertrauten eine vom Arbeitsaufwand möglichst übersichtliche und politisch zugleich komfortable Konstellation. In einem schwarz-gelben Umfeld müssen sich die Grünen wesentlich weniger anstrengen, das eigene Profil zu schärfen, als in einem Linksbündnis. Dort ist, bei grundsätzlich sehr ähnlichen inhaltlichen Positionen, der Konkurrenzkampf deutlich anspruchsvoller, es kommt mehr auf Nuancen an. In der Jamaika-Koalition dagegen genügen schon Standardpositionen, etwa in der Bildungs- und Umweltpolitik, um als Grüne wahrgenommen zu werden, die Abgrenzung ist einfacher.

Aber nach zehn Jahren absoluter Mehrheit der CDU und dem für Peter Müller desaströsen Ergebnis von minus 13 Prozent kommen kurz nach der Wahl die meisten Sozialdemokraten nicht auf die Idee, der Christdemokrat könne ausgerechnet von der Ökopartei an der Macht gehalten werden. Als die Sondierungsgespräche beginnen, sitzt Heiko Maas gedanklich schon in der Staatskanzlei, als erster Ministerpräsident eines linken Dreierbündnisses in einem Landtag. Seine Rolle in der Bundespartei würde schlagartig aufgewertet. Er wäre, trotz objektiv schlechtem Wahlergebnis, eine neue Hoffnung der SPD. Der Aufstieg in höchste Parteiämter wäre vorgezeichnet. Auch die Mitglieder seines Schattenkabinetts wähnen sich auf dem Weg in die obersten Etagen der Ministerien, im Geiste haben sie schon die Mitarbeiterstäbe zusammengestellt und halten ihre Antrittsreden.

Sie bereisen das Land in ihren neuen Dienstwagen und treten in Talkshows als innovative Exponenten eines neuen links-grünen Bündnisses auf, das bald schon den Ton in der Bundespolitik angeben wird.

## Aus der Traum

Nur Lafontaine und seine Mitstreiter sind nicht wirklich euphorisch. Heinz Bierbaum, Geschäftsführer der Linken-Fraktion im saarländischen Landtag und seit Mai 2010 stellvertretender Bundesvorsitzender der Partei, hat von Anfang an kein gutes Gefühl bei den Sondierungen mit den Grünen. An der Oberfläche geht es zwar höflich zu, die Distanz von Ulrich ist für ihn jedoch »spürbar«. Bierbaum: »Auch Oskar Lafontaine rechnete schon früh damit, dass Ulrich nicht mit den Linken kooperieren wird.«

Im Nachhinein mehren sich die Indizien, dass Ulrich bereits vor der Landtagswahl Kurs auf Jamaika genommen hatte. Weil er sich aus taktischen und strategischen Gründen dafür aber nicht offen einsetzen kann – er hätte zu dieser Zeit wegen der klaren Anti-Peter-Müller-Stimmung an der Basis keine nennenswerte Unterstützung gefunden –, entscheidet sich Ulrich für ein Ablenkungsmanöver. Er favorisiert offiziell eine Ampel aus SPD, FDP und Grünen, die wahlarithmetisch unwahrscheinlichste Konstellation. Diese Formation hätte vorausgesetzt, dass die Sozialdemokraten im Wesentlichen ihr Landtagswahlergebnis von 2004 hielten. Aber selbst die damals sehr schwachen 30,8 Prozent sind angesichts der linken Konkurrenz von Oskar Lafontaine im August 2009 kaum zu verteidigen. Früh prognostizieren Demoskopen ihm ein hohes zweistelliges Ergebnis, zwischen 15 und 20 Prozent plus X. Klar, dass ein beachtlicher Teil dieser Stimmen nur aus dem sozialdemokratischen Wählerpotenzial geholt werden kann. Und wohl auch aus dem Lager der bei Landtagswahlen

Heiko Maas, SPD-Spitzenkandidat 2009

an der Saar stets schwachen Grünen. Die liegen im Saarland bis dahin immer unter 6 Prozent – die grüne Klientel findet man in der Mehrzahl in den Städten. Die Freidemokraten befinden sich im Sommer 2009 wegen des bundesweiten Stimmungshochs für die Bundes-FDP zwar im Aufwind, aber die Liberalen verfügen im katholisch geprägten saarländischen Arbeiter- und Angestelltenmilieu nicht über ein stabiles Reservoir. Ähnlich geht es der Öko-Partei. Während die Grünen auf Bundesebene schon 1983, nur vier Jahre nach ihrer Gründung, erstmals in den Bundestag katapultiert werden, schaffen sie den Einzug ins Saar-Parlament erst 1994. Und nach dem Absturz von 1999 gelingt 2004 die Rückkehr in den Landtag mit nur 5,6 Prozent.

So befällt die Grünen-Wahlkämpfer auch im Sommer 2009 wieder das Verzagen. Angesichts schwacher Umfrageergebnisse ist Hubert Ulrich klar, dass eine Ampelkoalition extrem unrealistisch ist. Nach außen bleibt er dennoch bei dieser Präferenz, weil er so die Festlegung auf Rot-Rot-Grün oder Jamaika leicht umgehen kann. Zugleich hält er Heiko Maas und die SPD bei Laune. Intern macht er sich nicht immer solche Mühe. Etwa bei einem Auftritt im Februar 2009 im saarländischen Homburg.

*»Wir haben dafür gesorgt, dass wir auch auf dieses, unser Saarland, wieder stolz sein können und wir haben dafür gesorgt, dass dieses Land, trotz des Kameraden, der sich endgültig als Enkel von Erich Honecker geoutet hat, dass dieses Land in Deutschland wieder Respekt genießt.«*

Dort haben ihn die Parteifreunde um ein Grußwort gebeten. Ulrich kommt gern. Die angeblich favorisierte Ampel erwähnt er an diesem Abend jedoch nicht. Er betont nur zwei Möglichkeiten: Rot-Rot-Grün oder Jamaika. Die Strategie, die er seinen Parteifreunden präsentiert, ist schlicht: »Wir halten uns bewusst sehr bedeckt, weil die hessische Erfahrung (gemeint ist das Scheitern einer rot-grünen Minderheitsregierung unter der Führung der Sozialdemokratin Andrea Ypsilanti, Anm. d. Verf.) lehrt, dass durch zu frühe Festlegungen viel Porzellan zerschlagen werden kann.« Ulrich: »Wir sagen, wir legen uns vor der Wahl bewusst nicht fest. Wir gucker an, wie geht die Landtagswahl aus, wie sind die Mehrheiten verteilt, und dann prüfen wir als Grüne sehr genau, mit wem von diesen beiden Blöcken können wir unsere Position, unsere Inhalte am besten durchsetzen.«

Die öffentlichen Attacken der Grünen lässt die CDU in der Schlussphase des Wahlkampfes erstaunlich kühl abtropfen. Nach der Wahl erscheinen die verbalen Schläge des Grünen-Landesvorsitzenden Hubert Ulrich gegen CDU-Chef Peter Müller eher wie die Choreografie eines Wrestlingkampfes, alles Show für das eigene Lager. Denn der Widerspruch zwischen seinem Reden und dem späterem Handeln ist eklatant. Immer wieder hatte der Grüne Müllers CDU als »verbraucht«, »rücksichtslos« oder »obrigkeitsstaatlich« angegriffen und den Wechsel für »dringend« erklärt. Was klang, als gelte es ein autoritäres Regime zu überwinden, wurde vom Adressaten auffallend lässig ignoriert.

Auf dem CDU-Landesparteitag am 19. Juni 2009 in der Saarbrücker Congresshalle, zweieinhalb Monate vor der Landtagswahl, spielen die Grünen und Hubert Ulrich in der Rede des Ministerpräsidenten und Parteivorsitzenden Peter Müller keine Rolle. Als Kontrahenten werden allein die Linke und die SPD ausgemacht: »Lafontaine und Maas haben in diesem Land Verantwor-

> »Rot-Rot heißt, dass dieses Land ins Abseits geführt wird. Rot-Rot heißt, dass dieses Land zur Lachnummer in der Republik wird.«

tung getragen, sie haben versagt und deshalb wollen wir sie nicht mehr in die Verantwortung zurückkehren lassen.« Und: »Rot-Rot heißt, dass dieses Land ins Abseits geführt wird. Rot-Rot heißt, dass dieses Land zur Lachnummer in der Republik wird.« Der Hauptgegner ist für Peter Müller ganz klar Oskar Lafontaine: »Wir haben dafür gesorgt, dass wir auch auf dieses, unser Saarland, wieder stolz sein können und wir haben dafür gesorgt, dass dieses Land, trotz des Kameraden, der sich endgültig als Enkel von Erich Honecker geoutet hat, dass dieses Land in Deutschland wieder Respekt genießt.«

Die gezielte Herauslösung der Grünen aus der gegnerischen Allianz ist ein offensichtliches Angebot an die Ökopartei, ein Signal für Jamaika. Denn inhaltlich hätte Müller die Ulrich-

Riege genauso hart angehen müssen. Ihr offizielles Programm ist in entscheidenden Punkten mit dem von SPD und Linken weitgehend identisch. Vor allem beim Thema *Einheitsschule*, wie sie der CDU-Chef gern polemisch bezeichnet, wenn von längerem gemeinsamen Lernen die Rede ist. Wer eine Schule für alle fordere, im ersten Schritt bis zum 6. Schuljahr, der will aus Müllers Sicht »das Gymnasium abschaffen«. Dies allein sei »Zweck der Übung« und so stehe es »klar und eindeutig im Wahlprogramm der Linken« und »verklausuliert bei den Sozialdemokraten«. Unerwähnt lässt er, dass dies erst recht so von den Grünen gefordert wird. Solche Ziele seien »nicht menschengerecht (…) nicht kindgerecht, das ist mit uns nicht zu machen«, wettert Müller auf dem Parteitag. Im Koalitionsvertrag mit FDP und Grünen unterschreibt der Christdemokrat fünf Monate später die Verlängerung des gemeinsamen Lernens auf zunächst fünf Jahre.

Der saarländische Linken-Landesvorsitzende und Landtagsabgeordnete Rolf Linsler wird nur einen Tag nach dem einzigen Dreier-Sondierungsgespräch zwischen Sozialdemokraten, Grünen und Linken Ohrenzeuge einer erstaunlichen Unterhaltung. Beim Besuch des Saarland-Pavillons anlässlich des Festes zum Tag der Deutschen Einheit, der am 3. Oktober 2009 in Saarbrücken gefeiert wird, schnappt er zufällig Gesprächsfetzen einer Runde von Christdemokraten auf. Die mokieren sich nach seiner Erinnerung darüber, dass die dusseligen Sozialdemokraten noch nicht mitbekommen hätten, dass sie draußen seien als mögliche Koalitionspartner und dass die Grünen sich längst auf dem Weg nach Jamaika befänden. Fünf Tage später erklärt Oskar Lafontaine seine endgültige politische Rückkehr an die Saar. Acht Tage später empfiehlt Hubert Ulrich den Delegierten des Grünen-Parteitages offiziell die Aufnahme von Koalitionsverhandlungen mit Christ- und Freidemokraten.

Gerüchte über vorherige Absprachen zwischen ihm und Peter Müller bestreitet Ulrich jedoch vehement. Jedes noch so kleine Indiz für eine Jamaika-Konspiration bedeutet für ihn weiter sinkende Glaubwürdigkeit. Ohnehin muss er angesichts des extremen Widerspruchs zwischen den Wahlkampfaussagen der Grünen und der Entscheidung für eine schwarz-gelb-grüne Kooperation mit dem Ruch des Wahlbetrügers leben. Eine Verabredung mit der Union, so versucht er die Vorwürfe zu parieren, hätte die Verhandlungsposition der Grünen »nach der Wahl stark geschwächt«, und außerdem sei der Wiedereinzug der Partei in den Landtag nicht sicher gewesen. Ulrich: »Welche Veranlassung sollte ich also gehabt haben, derart weitreichende Zusagen zu machen, Gleiches gilt im Übrigen für SPD und Linke.« Aber selbst in den eigenen Reihen nimmt ihm unterdessen kaum noch jemand ab, dass sich seine Präferenz für Jamaika erst während der Koalitionsgespräche entwickelte.

# DAS PATRONAT DES O.

*Wie sich Sport, Politik und Geld verbinden*

Es läuft nicht rund für die Mannschaft des Fußball-Zweitligisten 1. FC Saarbrücken an jenem ersten Dienstag im Mai 2006 im heimischen Ludwigsparkstadion. Alles Anfeuern hilft nicht. Zur Halbzeitpause liegt die Elf schon null zu zwei zurück. Die Truppe muss aber unbedingt gewinnen gegen die Gäste aus Offenbach. Es ist der 32. Spieltag der Saison und danach gibt es nur noch zwei Chancen, dem Abstieg in die 3. Liga zu entgehen. Saarbrücken liegt auf Rang 16, hinter Dynamo Dresden. Noch schlechter sind nur Ahlen und die Sportfreunde Siegen. Die letzten vier fliegen raus. Die Saarbrücker Fans sind wieder einmal enttäuscht von ihrer Mannschaft.

So geht es auch dem Vereinspräsidenten Hartmut Ostermann. Der Unternehmer, Hauptsponsor des Vereins, wird in der Halbzeit selbst zum Stürmer – aufgebracht stürzt er von der VIP-Lounge in die Kabine und redet auf FC-Trainer Rudi Bommer ein. Es ist eng und laut. In einem Interview mit der Sportredaktion der Saarbrücker Zeitung beklagt sich Bommer kurz darauf, Ostermann habe von ihm verlangt, FC-Verteidiger Tamandani Nsaliwa auszuwechseln. Der Coach: »Das habe ich, wie auf dem Platz zu sehen war, abgelehnt.« Die Geschichte nimmt ein trauriges Ende. Die Saarbrücker verlieren das Heimspiel gegen Kickers Offenbach null zu vier. Beim Frühstück erfährt der Trainer am nächsten Morgen von einem Spieler, dass er wahrscheinlich rausfliegt. Der Mann ist gut informiert. Abends gegen 19.30 Uhr klingelt Bommers Telefon: Ihm wird eine Pressemitteilung des Vereins vorgelesen, ab sofort ist er kein Cheftrainer mehr. So hat es Multimillionär Hartmut Ostermann entschieden. In seinem Postfach im Saarbrücker Nobelhotel *Victor's* am Deutsch-Französischen Garten, Ostermanns Firmensitz, findet der Spielerdompteur kurz darauf auch »eine schriftliche Mitteilung« über den Rauswurf. Im Saarländischen Rundfunk beklagt Rudi Bommer das Vorgehen des Vereinschefs als »niveaulos«.

Ostermann, Betreiber von Hotels gehobener Kategorie, Victor's, und der bundesweit größten Kette privater Alten- und Pflegeheime, *Pro Seniore*, Arbeitgeber von rund 11 000 Beschäftigten, schlägt verbal zurück: Bommer habe die Mannschaft »nicht mehr erreicht« und außerdem sei er ein Lügner. So habe er wahrheitswidrig bestritten, mit dem MSV Duisburg bereits über eine Stelle als Trainer verhandelt zu haben, während der 1. FC Saarbrücken noch gegen den Abstieg kämpfte. Im Übrigen beantwortet Ostermann die selbstgestellte Machtfrage unmissverständlich. Als Präsident behalte er sich weiterhin das Recht vor, in sportlichen Dingen Einfluss zu nehmen. Während Trainer wie Bommer sich in brenzligen Situationen »schon frühzeitig« nach neuen Arbeitgebern umschauten, stehe er als Präsident für den Verein »auch in der Regionalliga« ein. Aber die Intervention des Unternehmers ist vergeblich. Der Club steigt ab.

Ostermanns Anspruch, sich als Geldgeber in sportliche Entscheidungen einzumischen, bekommt auch der Fußballclub Wehen-Wiesbaden zu spüren, als er 2007 in die zweite Bundesliga aufsteigt und nach ökonomisch starken Partnern sucht. Ostermann mit seiner Firma Victor's wird Hauptsponsor. Die Begeis-

Hartmut Ostermann

terung über den Finanzier aus Saarbrücken, der angeblich auch mit einem finanziellen Engagement beim 1. FC Kaiserslautern und später bei Fortuna Düsseldorf liebäugelte, währt jedoch nicht so lange wie verabredet. Im Frühjahr 2009 werden schlechte Nachrichten öffentlich. Der hessische Verein, er spielt in der Saison 2009/2010 in der 3. Liga, bekommt kein Geld mehr von Ostermann und hat sich, ein ungewöhnlicher Vorgang im Profifußball, zu einer Klage gegen den Altenheim-Tycoon entschlossen: wegen Vertragsbruchs. Markus Imscher, Geschäftsführer des Clubs, beklagt sich gegenüber dem Sport-Informations-Dienst: »Der Sponsor ist seit ein paar Monaten Zahlungsverpflichtungen nicht mehr nachgekommen.« Victor's hat den Vertrag mit dem Club gekündigt. Angeblich, weil Ostermann sauer darüber ist, dass er nach der Entlassung von Trainer Christian Hock nicht umfassend in die Entscheidung vor der Verpflichtung dessen Nachfolgers Wolfgang Frank eingebunden wurde.

Der Verein weist diese Begründung zurück, Ostermann beschwere sich »zu Unrecht«. Selbstverständlich sei Victor's über alle wichtigen Entscheidungen direkt und nicht über Dritte informiert worden. Die Auswahl eines Trainers unterliege jedoch »keiner vorherigen Absprache mit dem Hauptsponsor oder einem anderen Sponsoringpartner«. Einige Monate später entscheidet das Gericht, dass Victor's mehr als eine halbe Million Euro nachzahlen muss.

## Wer zahlt, bestimmt

Ostermanns Führungsprinzip wird durch die Beispiele aus dem Sport deutlich. Wenn er zahlt, will er auch mitentscheiden. Notfalls lässt er es auf einen Konflikt oder eine Gerichtsentscheidung ankommen. Warum sollte er sich in der Politik anders verhalten? Diese Frage stellt sich, seitdem im kleinen Saarland, das etwa so viele Einwohner hat wie Köln, die erste schwarz-gelb-grüne Koalition in einem Bundesland regiert. Und in diesem Jamaika-Bündnis, wie der Interessenverband von CDU, FDP und Grünen beschönigend genannt wird, spielt Hartmut Ostermann eine wesentliche Rolle. Der Vorsitzende des einflussreichen FDP-Kreisverbandes Saarbrücken ist Hauptfinanzier der Liberalen an der Saar. Und abgesehen von den Linken haben auch die anderen Parteien Zuwendungen von ihm bekommen. Vor allem die saarländischen Grünen. Die Öko-Partei ist, wie sich ein halbes Jahr nach Bildung der neuen Koalition in Saarbrücken im Frühjahr 2010 herausstellt, neben der FDP der größte Profiteur der gezielten finanziellen Großzügigkeit des freidemokratischen Mäzens.

Aber der Reihe nach. Bis zum Jahr 2008 spielte Hartmut Ostermann in der politischen Öffentlichkeit des Saarlandes zunächst nur einen kurzen Wahlkampf lang eine exponiertere Rolle: 1994 kandidiert er in Saarbrücken für die FDP ebenso überraschend wie erfolglos für den Bundestag. Erst im April 2008 wird er zum Vorsitzenden des FDP-Kreisverbandes Saarbrücken gewählt. Mehr als zwanzig Jahre habe er »mit Geduld gehofft«, nun wolle er die FDP »optimieren und beschleunigen« – und die politischen Weichen für die Landtagswahl 2009 stellen, begründet er sein spätes Engagement in der örtlichen Parteiführung. Weil er nicht allzu viel Zeit für das neue Amt aufbringen kann, holt er den früheren stellvertretenden FDP-Kreisvorsitzenden Rüdiger Linsler als hauptamtlichen Kreisgeschäftsführer. Ein beachtlicher Luxus für einen kleinen Parteiverband mit weniger als fünfhundert Mitgliedern. Die Sozialdemokraten mit etwa 3 500 Mitgliedern im Kreisverband Saarbrücken können sich eine solche personelle Ausstattung nicht leisten. Auch unter Liberalen stößt die Personalentscheidung auf Befremden. Als FDP-Mitglied Wolfgang Stalter in einem Brief an Ostermann im Oktober 2008 wissen will, warum der Kreisverband »nach mehr als 40 Jahren ehrenamtlicher Tätigkeit« plötzlich einen Hauptamtlichen braucht, und wie die Stelle finanziert wird, antwortet ihm der Multiunternehmer lakonisch: »Ich bitte um Ihr Verständnis, dass Personalangelegenheiten des Kreisverbandes ausschließlich im Kreisvorstand besprochen und beschlossen werden.« Deshalb könne er »weitere Auskünfte (…) leider nicht erteilen«. Nicht wenige Freidemokraten empfinden die Geheimniskrämerei als Beleg für Günstlingswirtschaft.

Als Politiker wird Ostermann im Saarland in den Neunzigerjahren außerhalb des harten Kerns der Parteiaktivisten kaum wahrgenommen. In Saarbrücken ist er vor allem als Sponsor und Präsident des 1. FC Saarbrücken bekannt. Dort prangt der Name seiner Firma Victor's auf den Trikots der lokalen Fußballhelden. Und der *kloore Hartmut*, wie ihn Anhänger gerne nennen, passt am liebsten selber auf, was mit den Millionen geschieht, die er in den Club pumpt. Wegen der Finanztransfers zwischen der Ostermann-Gruppe und dem Fußballverein gibt es bald ein Problem mit den Finanzbehörden und der Staatsanwaltschaft. So deklariert Ostermann siebenstellige Zuwendungen seines Konzerns an den Verein als Darlehen, verzichtet dann jedoch großzügig auf deren Rückzahlung. Strafverfolger und Finanzbehörde interpretieren dies zunächst als Steuerhinterziehung und als Untreue gegenüber der Firma, der das Geld – es ist von etwa drei Millionen Euro die Rede – schließlich fehlt. Am Ende langer Prüfungen kommt der Großsponsor jedoch glimpflich davon. Das Finanzamt erkennt den Betrag plötzlich als Betriebsausgaben an und geht nicht mehr von einer verdeckten Gewinnausschüttung aus. Die Geldspritze an den Verein wird als »vertretbare unternehmerische Entscheidung« akzeptiert. Trotz der milden Behandlung durch das Finanzamt war dies ein riskanter Ausflug in die Grauzonen des Steuerrechts, mit dem Ergebnis, dass die Staatsanwaltschaft auf den Konzernchef aufmerksam wird.

Am 27. August 2002 verbreitet der Saarländische Rundfunk eine brisante Meldung. Gegen Hartmut Ostermann ist Haftbefehl erlassen worden. Kripobeamte nehmen ihn in der Wohnung seiner Lebensgefährtin in St. Ingbert fest. Zeitgleich durchsuchen Fahnder die Konzernzentrale des einflussreichen Strippenziehers in der Büroetage des Hotels Victor's im Saarbrücker Deutschmühlental. Die Vorwürfe der Ermittler wiegen schwer: gewerbsmäßige Steuerhinterziehung. Es geht um siebzehn Millionen Euro an nicht gezahlten Lohnsteuern. Anlass für den von Oberstaatsanwalt Raimund Weyand beim Haftrichter beantragten spektakulären Zugriff ist die Selbstanzeige von Ostermanns Steuerberater Alfred J. elf Tage zuvor beim Finanzamt Saarbrücken. Eine bizarre Geschichte, an deren Ende Ostermann ohne Prozess straffrei davonkam.

Am 16. August 2002, einem hochsommerlich heißen Freitag, haben sich im Saarbrücker Landtag mehrere hundert Prominente aus Politik, Wirtschaft und Kultur versammelt und feiern den 60. Geburtstag des SPD-Politikers Reinhard Klimmt, dem zu dieser Zeit bekanntesten Sozialdemokraten an der Saar nach Oskar Lafontaine. Mit von der Partie ist FC-Präsident Hartmut Ostermann. Unter großem Applaus der Festgesellschaft würdigt er Klimmts vielfältiges Engagement für den Saarbrücker Fußballverein und schenkt ihm eine Goldene Business Card zum Besuch aller FC-Spiele bis zum Jahr 2042.

Während sich die Geburtstagsgäste, darunter SPD-Bundeswirtschaftsminister Wolfgang Clement, an kühlen Getränken laben, macht sich Ostermanns Steuerberater Alfred J. auf den Weg zu dem auf der anderen Saarseite in Sichtweite gelegenen Finanzamt. In einem Umschlag transportiert er brisante Informationen über die wirtschaftliche Lage des Ostermann-Imperiums. Die Botschaft, die J. mittags am Service-Tresen der Behörde hinterlässt, verursacht höchste Aufregung in der Finanzverwaltung und in der Landesregierung: Pro Seniore habe Lohnsteuern in Höhe von 17 762 754,35 Millionen Euro hinterzogen, so akribisch hat es der Steuerberater ausgerechnet. Ein beispielloser Skandal selbst für das affärenreiche Saarland. Die Nachricht löst sofort eine Alarmkette aus. Noch am Nachmittag organisieren die Verantwortlichen eine erste Krisensitzung. Die Fußballfreunde geraten mächtig ins Schwitzen. CDU-Finanzstaatssekretär Gerhard Wack informiert seinen Parteifreund Finanzminister Peter Jacoby, dass da »etwas ziemlich Dickes im Busch« ist bei der »Gruppe Ostermann«. Jacoby bittet darum, dass Finanzamtschef Wolfgang Rapräger »sich dieses Falles annimmt«. Angesichts der für saarländische Verhältnisse gigantischen Dimension der Hinterziehung ist die Verwirrung in der Runde jedoch so groß, dass Wack das Treffen nach einer Stunde mit dem Resümee abbricht: »Das bringt jetzt alles nichts mehr.« Er schickt die Mitarbeiter nach Hause: »Selbst wenn Sie übers Wochenende die Dinge zusammenstellen müssen, am Montagmorgen um 8.15 Uhr treffen wir uns hier wieder mit gesichertem Zahlenmaterial.« Und so, schildert es Wack, sei es »dann geschehen«.

Mit der spektakulären Selbstanzeige kommt der Konzern-Lenker und Fußballenthusiast Ostermann einer bereits seit längerem für den 19. August angesetzten Betriebsprüfung zuvor. Seinem Intimus Alfred J. gelingt es nämlich nicht, wie erhofft, den zuständigen Steuerprüfer S. in einem persönlichen Gespräch zu überzeugen, den für diesen Montag geplanten Beginn der Kontrolle auf Oktober zu verschieben. J's. Begründung, die Firma werde umstrukturiert und deshalb sei eine spätere Prüfung sinnvoll, verfängt offenbar nicht bei S. Der hält an dem vorgesehenen Termin fest. So bleibt keine andere Wahl als die Selbstanzeige.

Wegen der Brisanz des Falles werden sofort Staatsanwaltschaft und Steuerfahndung eingeschaltet. Acht Tage später erfolgt die Festnahme. Kurz darauf, am 3. September 2002, berichtet die Saarbrücker Zeitung: »Ostermann legt Geständnis ab.« Gegen eine Kaution von einer halben Million Euro wird der Chef der Unternehmensgruppe Pro Seniore und Victor's aus der Untersuchungshaft entlassen. Als Anwalt verpflichtet Hartmut Ostermann einen bundesweit renommierten Juristen, den Saarbrücker Strafverteidiger Professor Egon Müller. Mit dessen Unterstützung legt der Konzernboss ein schriftliches Geständnis ab. Er habe gebilligt, dass eine Tochtergesellschaft von Pro Seniore Lohnsteuern in Millionenhöhe nicht abgeführt habe. Mit den hinterzogenen Summen seien andere Schulden bezahlt worden. Der Fall wird die saarländische Justiz noch jahrelang beschäftigen. Am Ende muss Ostermann zwar die Steuer nachzahlen, kommt aber strafrechtlich ungeschoren davon.

Bevor diese Steueraffäre rund um den Fußballpräsidenten hochkommt, hat bereits ein anderer Finanzskandal Schlagzeilen im Saarland verursacht, an dessen Ende zwei mit dem Konzernchef eng vertraute Politiker ihre Ministerämter verlieren: Sozialdemokrat Reinhard Klimmt und CDU-Mann Klaus Meiser. Beide sind gute Vereinskumpels von Hartmut Ostermann, Meiser als Vizepräsident, Klimmt mal als Präsident, mal als Aufsichtsratsvorsitzender. Der Sozialdemokrat hat ein beinahe libidinöses Verhältnis zu dem Club, der für ihn eine Art sozialer Kitt im alten Kohlerevier an der Saar ist, ein Identifikationsstifter. Auch für ihn persönlich wird der 1. FC Saarbrücken nach dem unfreiwilligen Ende seiner Polit-Karriere zum Trostspender und Parteiersatz.

Von 1985 bis 1998 ist Reinhard Klimmt Fraktionschef der mit absoluter Mehrheit regierenden SPD. Nachdem Oskar Lafontaine als Finanzminister ins rot-grüne Bundeskabinett von SPD-Bundeskanzler Gerhard Schröder wechselt, rückt Klimmt als Ministerpräsident in die Saarbrücker Staatskanzlei nach. Aber schon nach einem Jahr muss er dem CDU-Herausforderer Peter Müller weichen. Die Sozialdemokraten verlieren im September 1999 mit rund 6 000 Wählerstimmen Differenz knapp die absolute Mehrheit an die Union. Die nächsten fünf Jahre sitzen nur diese beiden Parteien im Landtag. Für die Wahlschlappe machen die Saar-Genossen in ihrer tiefen Depression Oskar Lafontaine verantwortlich, der aus Protest gegen die Finanz- und Wirtschaftspolitik von Gerhard Schröder am 11. März 1999 sein Ministeramt und den Bundesvorsitz der SPD hinschmiss und sich Knall auf Fall ins Privatleben zurückzog.

Wahlverlierer Klimmt wird überraschend von Gerhard Schröder aufgefangen und als Bundesverkehrsminister nach Berlin geholt. Viele Parteifreunde an der Saar nehmen seine Berufung mit gemischten Gefühlen auf. Manche empfinden sie sogar als Verrat. Während die SPD-Landtagsfraktion mit dem jungen Frontmann Heiko Maas im Landtag dem Hohn und Spott der neuen CDU-Landesregierung unter Ministerpräsident Peter Müller ausgesetzt ist, genießt Klimmt kurzfristig die neue Bedeutung in der Bundespolitik. Besonders pikiert reagiert der linke Flügel der SPD: Im Landtagswahlkampf hat sich Klimmt als scharfer

Kritiker der Sozial- und Wirtschaftspolitik von Schröder profiliert und so versucht, im Saarland zu punkten. Seinen Wechsel ins Bundeskabinett verzeihen ihm deshalb viele Genossen nicht. Nach außen jedoch beschwören sie Solidarität. Als Bundesminister, so die offizielle Lesart, könne er dem gebeutelten saarländischen Landesverband immerhin noch einigen Einfluss sichern und so auch regional eine weitere Erosion der Partei verhindern.

## Minister stolpern ins Abseits

Aber dieses Kalkül geht nicht auf, die Karriere als Verkehrsminister dauert nur knapp vierzehn Monate. Klimmt stolpert – zusammen mit CDU-Innenminister Klaus Meiser – über eine Finanzaffäre beim 1. FC Saarbrücken, dem Reich von Hartmut Ostermann. Dort haben sich Christ-, Sozial- und Freidemokraten zu einer außerparlamentarischen schwarz-rot-goldenen Koalition zusammengefunden und versuchen, die Gunst der Fußballfans auf dem Sportplatz zu erringen, was konkret bedeutet: zu erkaufen. Denn nur mit ausreichend Geld kann der oft am Rande der Dritt- oder Viertklassigkeit torkelnde Verein vor dem Verschwinden im schwarzen Fußballloch bewahrt werden. Basis sind Ostermanns Millionen, aber jedes Zusatzgeschäft ist hochwillkommen.

Klimmt übernahm 1995 die Präsidentschaft beim 1. FC Saarbrücken. Damals wurde dem Club die Profilizenz für die 2. Bundesliga verweigert. Es drohte die Insolvenz. Entgegen vieler Ratschläge aus der SPD übernahm der Sozialdemokrat die Vereinsführung. Als Vize gewann er den damaligen CDU-Bürgermeister der Gemeinde Quierschied, Klaus Meiser, der vier Jahre später zum Innenminister im Kabinett von Ministerpräsident Peter Müller aufsteigen wird. Klimmts Kalkül zu jener Zeit: »Wenn wir den Wiederaufstieg in Angriff nehmen wollten, mussten wir den Verein aus parteipolitischen Diskussionen heraushalten.« Und pathetisch verkündete er der Saarbrücker Zeitung: »Über alle Empfindlichkeiten und Rivalitäten hinweg gibt es bei uns im Saarland doch eine übergeordnete Solidarität, die Gräben zuschüttet.« Neben dem sich abzeichnenden Niedergang des Kohlebergbaus hätte der Absturz des 1. FC Saarbrücken in die sportliche Bedeutungslosigkeit »verheerende materielle und vor allem psychologische Folgen gehabt«. Klimmt: »Da hängt einfach alles dran bei uns.«

Die Vereinsanhänger bejubeln alle Aktionen, die ökonomische Stabilisierung verheißen. Da klingt es für Klaus Meiser und Reinhard Klimmt verlockend, als ihnen Hans-Joachim Doerfert, damals Chef der Caritas Trägergesellschaft Trier, CTT, einem katholischen Gesundheitskonzern mit rund 9 000 Mitarbeitern und 500 Millionen Euro Jahresumsatz, ein lukratives Geschäft vorschlägt.

> »Über alle Empfindlichkeiten und Rivalitäten hinweg gibt es bei uns im Saarland doch eine übergeordnete Solidarität, die Gräben zuschüttet.«

Der Jurist Doerfert, Fußballenthusiast und Präsident des Vereins Eintracht Trier, bietet den Saarländern ein als Beratervertrag getarntes Sponsoring an. Die Saarbrücker verpflichten sich offiziell, den Krankenhausträger CTT »sportmedizinisch« und »physiotherapeutisch« zu beraten. Doerferts CTT, die als gemeinnützige Einrichtung eigentlich keine kommerziellen Sportvereine unterstützen darf, zahlt dafür dem 1. FC Saarbrücken zwischen 1996 und 1999 insgesamt mehr als 320 000 Euro für das Luftgeschäft.

Als Doerfert wegen des Vorwurfs der Untreue in Millionenhöhe vor Gericht landet – er wird schließlich zu zehneinhalb Jahren Haft verurteilt –, kommt auch die Sponsorenaffäre rund um den Saarbrücker Verein ans Licht. Ein CTT-Vorstandsmitglied belastet Klimmt und Doerfert in einem Vermerk (»streng vertraulich«). Im Gegenzug für die CTT-Zahlungen an den 1. FC Saarbrücken habe das Saarland auf eine »geplante Bettenkürzung verzichtet«. Doerfert räumt ein, ihm sei es darum gegangen, in der Politik Unterstützer für die CTT-Interessen zu gewinnen. Der Konzern betreibt im Saarland mehrere Einrichtungen. Meiser und Klimmt seien »Nothelfer und Türöffner« gewesen. Der CTT-Chef, CDU-Mitglied mit hervorragenden bundesweiten Kontakten in der Union, unterstützt Fußballkumpel und Kulturenthusiast Klimmt noch in einem weiteren Fall. Als im Weltkulturerbe Völklinger Hütte eine große »Prometheus«-Ausstellung geplant wird, lässt er mehr als 180 000 Euro aus Caritas-Geldern springen – nicht direkt, sondern über eine Agentur, die auch den SPD-Wahlkampf begleitet. Nebenbei geht Doerfert mit dem bibliophilen Sozialdemokraten antiquarische Bücher einkaufen und bezahlt in mindestens einem Fall die Rechnungen. Klimmt gerät mächtig unter Druck, weist aber alle Vorwürfe zurück. Von rechtlichen Details der Vereinbarungen habe er keine Ahnung. Er habe keinen Einfluss auf die Krankenhausplanung des Landes genommen, sondern mit »gutem Gewissen und mit bester Absicht« gehandelt. Schließlich sei er Historiker und kein Jurist.

Die Beteuerungen helfen dem Bundesverkehrsminister nichts. Er akzeptiert nach längeren staatsanwaltschaftlichen Ermittlungen einen Strafbefehl in Höhe von rund 14 000 Euro. Das Spiel in der ersten Reihe ist damit vorbei. Klimmt tritt am 15. November 2000 als Bundesverkehrsminister zurück. Damit setzt er CDU-Ministerpräsident Peter Müller unter Zugzwang. Eine Woche später muss auch Meiser sein Amt als saarländischer Innenminister abgeben. Er habe sich zwar strafrechtlich nichts vorzuwerfen, wolle aber die Landesregierung durch das gegen ihn laufende Verfahren nicht belasten. Schließlich stimmt auch der Christdemokrat einem Strafbefehl zu. Er muss etwa 11 000 Euro zahlen. Es ist nicht der erste Konflikt mit den Strafverfolgern,

Reinhard Klimmt: »Nothelfer und Türöffner«

den sich Meiser wegen seiner Fußballbegeisterung einhandelt. Einige Monate zuvor verhängte die Staatsanwaltschaft bereits eine Geldauflage über rund 6 000 Euro gegen ihn. Im Gegenzug stellt sie ein Ermittlungsverfahren wegen des Verdachts der Vorteilsnahme ein. Anlass war ein Trip zur Fußballweltmeisterschaft in Frankreich im Jahre 1998, für den Meiser von der saarländisch-französischen Müll-Entsorgungsfirma Onyx drei Tickets der Kategorie »Prestige-or« im Wert von rund 3 000 Euro inklusive VIP-Service für das Spiel Deutschland – USA annahm. Für Klimmt bedeutet die Fußballaffäre das endgültige politische Aus. Er fasst weder auf Landes- noch Bundesebene politisch wieder Tritt, kann nicht einmal mehr ein angestrebtes SPD-Bundestagsmandat ergattern. Was ihm bleibt, ist ein gut dotierter Beratervertrag mit der Deutschen Bahn (geschätzte Höhe: mindestens 100 000 Euro jährlich) und der 1. FC Saarbrücken. Wenigstens Hartmut Ostermann und der Verein lassen ihn nicht hängen. Dort gilt Klimmt als wackerer Kumpel, der sogar seine Politkarriere für den Verein opferte.

Wesentlich glimpflicher kommt Klaus Meiser davon, der zwar seinen Ministerjob vorübergehend verliert, aber sein Landtagsmandat behält und sogar stellvertretender CDU-Fraktionsvorsitzender wird. Auch sein Amt als Vizepräsident des 1. FC Saarbrücken übt er weiterhin aus. Finanziell geht es dem Christdemokraten sogar besser als vorher: Dafür sorgt Hartmut Ostermann, mit dem er »freundschaftlich verbunden« ist. Er holt Meiser als Projektmanager in die Victor's-Gruppe. Über die Bezüge schweigen die Beteiligten bis heute. Hartnäckig hält sich jedoch in der Saarbrücker Polit-Szene das Gerücht, Freund Meiser habe zusätzlich zu seiner Abgeordnetendiät jährlich mehr als 200 000 Euro kassiert.

Ein spektakulärer Fall von hemmungsloser Vermischung privater und politischer Interessen. Selbst in der Saar-CDU ballen etliche Landtagsabgeordnete die Fäuste in der Tasche, wagen aber keinen Aufstand gegen Meiser, der nach Peter Müller als klare Nummer zwei in der Partei gilt. Müller selbst findet das fürstlich honorierte Engagement des parteiinternen Rivalen bei dem schillernden FDP-Mann ebenfalls fragwürdig, hält sich aber aus taktischen Gründen zurück. Die Entbindung vom Ministeramt scheint ihm Strafe genug. Zehn Jahre später wird Meiser im Zusammenhang mit einem handfesten Parteispenden-Skandal rund um Sportskamerad Ostermann, mit dem ihn nun sogar eine politische Koalition im Landtag verbindet, wieder eine Rolle spielen: Nicht als politischer Aufklärer, sondern als flinker Ausputzer, unterstützt von Linksverteidiger Klimmt, der immer noch findet, Ostermann habe »unendlich viel für unser Land getan«. Der Adressat solcher Elogen freut sich über den Einsatz seiner Abwehrreihe, diese Linie steht.

Politgrößen wie Meiser und Klimmt, die ihre Karrieren eng mit dem Fußballverein verknüpft haben, erleichtern Ostermann den direkten Zugang zum inneren Kreis der politischen Macht im Saarland. Und er baut diese Position ab dem Jahr 2000 systematisch aus. Ob CDU, SPD oder Grüne, in jeder dieser Parteien gibt es Repräsentanten, deren politische Karriere oder ökonomische Existenz durch die Protektion des Unternehmers unterstützt oder, wie in der FDP, erst möglich wird. Die drei Fraktionsvorsitzenden, Sturm-Trio des einzigen Jamaika-Bündnisses in einem deutschen Landtag, sind jedenfalls sehr eng mit ihm verbunden.

### Das Netzwerk

Zu den aktiven Landespolitikern seines Netzwerkes gehören:

**Klaus Meiser,** ehemaliger Innenminister und seit Beginn der Jamaika-Koalition Vorsitzender der CDU-Landtagsfraktion. Einer der einflussreichsten politischen Strippenzieher im Saarland. Jahrelang steht er als Mitarbeiter im Projektmanagement der Victor's-Gruppe auf Ostermanns Gehaltsliste, verweigert jedoch hartnäckig die Offenlegung seiner Bezüge.

**Hubert Ulrich,** Grünen-Landes- und Fraktionsvorsitzender, ist nach dem Ausscheiden der Grünen bei der Landtagswahl 1999 von Mai 2001 bis Oktober 2002 hauptberuflich Marketingchef beim IT Beratungshaus *think & solve* in Saarbrücken.

Mitgesellschafter des Unternehmens ist Hartmut Ostermann. Nach dem Einzug in den Bundestag 2002 reduziert Ulrich sein Engagement auf einen Teilzeitjob, honoriert mit monatlich 1500 Euro.

**Horst Hinschberger,** zieht erstmals 2009 in den saarländischen Landtag ein und wird sofort zum Fraktionsvorsitzenden gewählt. Von 2002 bis Sommer 2010 ist der Unternehmer, der unter anderem mit Sportwaffen und Karate-Zubehör handelt, Schatzmeister der Saar-FDP. 2007, nach dem Abstieg des 1. FC in die Fußballoberliga, übernimmt er das Präsidentenamt von Hartmut Ostermann, als dessen enger Vertrauter er gilt. Nach einem von ihm verursachten Skandal um die liberale Stiftung »Villa Lessing« gibt er 2010 sein Amt als Fraktionschef und die Position als FC-Präsident auf.

**Friedhelm Fiedler,** ehemaliger Chefredakteur des Monopolblattes Saarbrücker Zeitung, ist Fraktionsvorsitzender der FDP im Stadtrat der Landeshauptstadt Saarbrücken. Seit 2007 steht Fiedler, unter anderem zuständig für das Qualitätsmanagement in Pro Seniore-Heimen, auf der Gehaltsliste von Ostermann. Fiedler ist zugleich Vizepräsident des Arbeitgeberverbandes Pflege, in dem sich die größten Betreiber privater Alten- und Pflegeheime in Deutschland zusammengeschlossen haben. Ostermann hat bundesweit großen Einfluss in dieser Branche.

**Sebastian Pini,** der Jurist und ehemalige Berater einer israelischen Telekommunikations- und Computergesellschaft, ist Schatzmeister in Ostermanns Saarbrücker FDP-Kreisverband.  Nach Bildung der Jamaika-Koalition avanciert er überraschend zum Staatssekretär im Gesundheitsministerium, an dessen Spitze Parteifreund Georg Weisweiler agiert. Das Haus ist unter anderem für die Pflegebranche zuständig, wichtiges Geschäftsfeld des Pro Seniore-Konzerns. Pini gilt als Protegé von Heimbetreiber Ostermann.

 **Rüdiger Linsler,** von Ostermann protegierter, gut dotierter hauptamtlicher Geschäftsführer im FDP-Kreisverband Saarbrücken und zugleich Generalsekretär des FDP-Landesverbandes.

Zu den exponierten Mitarbeitern im unübersichtlichen Firmenkonglomerat des Saarbrücker FDP-Kreisvorsitzenden gehört auch ein prominenter ehemaliger SPD-Politiker: **Hajo Hoffmann.** Der Sozialdemokrat ist ab 1985 Wirtschaftsminister im Kabinett von Ministerpräsident Oskar Lafontaine,  1991 wird er zum Oberbürgermeister von Saarbrücken gewählt, ab Mai 1999 ist er außerdem Präsident des Deutschen Städtetages. Drei Jahre später verurteilt ihn das Amtsgericht erstinstanzlich zu einer Geldstrafe. Im Zusammenhang mit dem Bau seines Privathauses soll er unentgeltliche Leistungen angenommen haben. Der Sozialdemokrat tritt daraufhin als Städtetagspräsident zurück, das CDU-geführte saarländische Innenministerium suspendiert ihn schließlich im August 2002 vom Amt des Oberbürgermeisters. Die Geschäfte übernimmt vorübergehend Bürgermeister Kajo Breuer von den Grünen. Als das Landgericht im März 2004 in zweiter Instanz eine Geldstrafe von 90 Tagessätzen à 120 Euro gegen Hoffmann verhängt, die ein Dreivierteljahr später rechtskräftig wird, kündigt der SPD-Mann seinen Rücktritt an.

Zumindest finanziell stürzt Hajo Hoffmann nicht ab. Er wird Vorsitzender des *Zukunftsbeirates* im Ostermann-Konzern und kümmert sich dort um das Thema *Demographischer Wandel*, ein strukturell wichtiger Bereich für ein Unternehmen mit mehr als hundert Alten- und Pflegeheimen.

Im saarländischen SPD-Landesverband, der seit dem Jahr 2000 von Heiko Maas geführt wird, stößt das Engagement der sozialdemokratischen Altvorderen Hajo Hoffmann und Reinhard Klimmt im Ostermann-Komplex auf Unverständnis. Misstrauisch wird dort die große Nähe der ehemaligen SPD-Gallionsfiguren zu dem FDP-Mann verfolgt. Das politische Schadensrisiko schätzt Maas, seit 1999 Vorsitzender der SPD-Landtagsfraktion, im Jahr 2010 jedoch als eher gering ein, da die beiden sozialdemokratischen Protagonisten keine Parteiämter mehr ausüben.

Öffentlich agierte Hajo Hoffmann zuletzt im August 2010 in Saarbrücken: Als Schlichter in den Tarifverhandlungen für die Beschäftigten im kommunalen Nahverkehr, gemeinsam mit dem Christdemokraten Albert Hettrich, bis 2009 Staatssekretär im saarländischen Wirtschaftsministerium. Die Verhandlungen mit den kommunalen Arbeitgebern wurden erfolgreich abgeschlossen.

## Pro Seniore – »Klima der Angst«

Solche positiven Auftritte außerhalb des Einsatzes für Pro Seniore kompensieren freilich bei weitem nicht das Negativimage des Konzerns. Bei den Betriebsräten und der Gewerkschaft Verdi, deutschlandweit Verhandlungspartner der Alten- und Pflegeheimkette, hat sich ein äußerst schlechter Ruf festgesetzt. Der Hauptgrund: Pro Seniore weigert sich hartnäckig, einen 2004 mit der Gewerkschaft abgeschlossenen Tarifvertrag umzusetzen. Dabei waren die Unterhändler aus der Berliner Verdi-Zentrale nach dem Vertragsabschluss zunächst ganz optimistisch. Eine Vereinbarung mit dem Marktführer der privaten Anbieter galt als wichtiger strategischer Erfolg, gerade weil Ostermann in der hart umkämpften Pflegebranche den zweifelhaften Ruf eines »Rambo« genießt. Ließe er sich auf Gewerkschaftsforderungen ein, so das Kalkül, würden auch die anderen Marktakteure nachziehen. Verdi verbuchte den Vertragsabschluss deshalb zunächst als beachtlichen Verhandlungserfolg. Schnell ging es den Gewerkschaftern jedoch wie den Managern vom Fußballclub Wehen-Wiesbaden: zu früh gefreut. Ostermann schloss zwar einen Vertrag – oder ließ ihn schließen –, wollte aber sofort aussteigen können, wenn ihm irgendetwas nicht passte oder es finanziell zu eng wurde.

Längst fühlten sich die Gewerkschaftsfunktionäre quer durch die Republik hintergangen von dem Ex-Sozialdemokraten Ostermann. Er war 1984 aus der SPD ausgetreten, zwei Jahre später zur FDP gewechselt und bezeichnet sich immer noch gern als *sozialliberal*. Im Januar 2011 erscheint in dem im Saarland kostenlos verteilten Wochenmagazin *Forum*, Geschäftsführerin ist Ostermanns Lebensgefährtin Susanne Kleehaas, ein elf Seiten langes Interview mit dem Konzernchef, in dem er dieses Image pflegt. Unter anderem plädiert er für die Erhöhung des Spitzensteuersatzes und die Wiedereinführung der Vermögenssteuer. Gewerkschafter halten Ostermanns Selbstdarstellung eher für Etiketten-schwindel. Denn in seinem Firmenimperium kam es zu einer der bundesweit bisher größten Klagewellen von Arbeitnehmern.

*»Es gibt bei uns keinen anderen Betrieb, bei dem wir so viel Rechtsschutzverfahren bearbeiten. Pro Seniore ist in unserer Statistik einsamer Spitzenreiter.«*

In weit mehr als fünfhundert Arbeitsgerichtsverfahren muss-ten die Verdi-Rechtssekretäre die aus dem Tarifvertrag resul-tierenden finanziellen Ansprüche der Ostermann-Beschäftigten Einzelfall für Einzelfall vor Gericht durchsetzen. Allein vor dem Arbeitsgericht Ulm klagten mehr als zweihundert Pro Seniore-Mitarbeiter. »Es gibt bei uns keinen anderen Betrieb, bei dem wir so viel Rechtsschutzverfahren bearbeiten. Pro Seniore ist in unserer Statistik einsamer Spitzenreiter«, beklagte im Juli 2006 die Gewerkschaftssekretärin Ilka Ulrich. Einer der Hauptstreit-punkte war die Eingruppierung der Mitarbeiter. Heftigen Ärger gab es auch wegen nicht gezahltem Weihnachtsgeld. Stattdes-sen überwies Pro Seniore nur eine Abschlagszahlung, weder versteuert noch sozialversichert. Ein anderes Mal wurde das Weihnachtsgeld als Vorschuss ausgezahlt und nachträglich als rückzahlbares Darlehen deklariert. Auch mit solchen Finessen wurde offenbar die Lohnsteuer hinterzogen. Gewerkschafterin Ilka Ulrich: »Der Umgang mit den Beschäftigten und deren An-sprüchen zeugt von krimineller Energie, die ich so bei keinem anderen Arbeitgeber kennengelernt habe.« Die Gewerkschaft wirft dem »größten gewinnwirtschaftlichen Pflegeheimbetreiber in Deutschland« vor, Pro Seniore wolle offenbar auch »im nega-tiven Umgang mit seinen Beschäftigten Spitzenreiter werden«.

Der Konzern versuche, mit »perfiden Methoden unliebsame Betriebsräte los zu werden«. Betroffene schildern ein »Klima der Angst«. Wer sich wehrte oder Ansprüche einforderte, wurde laut Verdi beobachtet und abgemahnt. Dies g:nge so lange, bis die Leute krank sind: »Dann werden sie zu einem Gespräch gebeten, bei dem ihnen die Krankheitszeiten vorgehalten werden und sie werden aufgefordert, einen Aufhebungsvertrag zu unterschreiben.«

Das Management von Pro Seniore beantwortete die Klagewelle auf seine spezielle Weise. Birgit Winter, Mitglied der Geschäftsleitung, verschickte im Februar 2008 ein harsches Schreiben an die Mitarbeiter und forderte sie auf, einen neuen Vertrag zu unterschreiben. Anlass war die Absicht des Konzerns, den von ihm gekündigten Tarifvertrag ersatzlos auslaufen zu lassen und durch – für die Angestellten – deutlich ungünstigere Einzelverträge zu ersetzen. Originalton Winter:

> *»Der Umgang mit den Beschäftigten und deren Ansprüchen zeugt von krimineller Energie, die ich so bei keinem anderen Arbeitgeber kennengelernt habe.«*

»Wenn Sie die Vertragsannahme ablehnen, müssen wir annehmen, dass Sie darauf setzen, eine Regelung aus einem (...) nicht wirksam gewordenen Tarifvertrag klageweise durchzusetzen. Dieser Weg ist mit unseren Vorstellungen einer zukünftigen Zusammenarbeit nicht vereinbar. Im Zuge verschärfter Wettbewerbsbedingungen benötigen wir ebenso wie unsere Mitarbeiter alle Kraft und Zeit dazu, mit einer guten Dienstleistung und hohem fachlichen und persönlichen Einsatz eine optimale Betreuungssituation für unsere Bewohner zu garantieren. Unsere zukünftige Zusammenarbeit werden wir an die Voraussetzung knüpfen, dass wir alle uns auf unsere wesentlichen Aufgaben konzentrieren und unsere ganze Kraft in den Dienst einer gemeinsamen Zielsetzung stellen.«

Die Reaktion von Verdi ließ nicht lange auf sich warten. Im März 2008 warf Ellen Paschke, Mitglied des Bundesvorstandes, dem Pflegekonzern Pro Seniore vor, er wolle mehr als 6 000 betroffenen Beschäftigten nachteilige Arbeitsverträge aufzwingen und schrecke dabei auch vor »offenem Rechtsbruch« nicht zurück: »Wer keinen schlechteren Arbeitsvertrag abschließen will und stattdessen auf der Geltung des nachwirkenden Tarifvertrages besteht, wird mit Arbeitsplatzverlust bedroht. Das ist Nötigung.« Außerdem verstoße Pro Seniore »mit seinem Versuch, die Nachwirkung des bisherigen Tarifvertrages auszuhebeln, gegen zwei einschlägige Urteile des Bundesarbeitsgerichtes«.

Während die Auseinandersetzung um den nichteingehaltenen Tarifvertrag noch nachwirkte, baute sich im Sommer 2009 bereits ein neuer grundsätzlicher Konflikt auf. Es ging wieder ums Geld. Im Juni 2009, noch ist mit Olaf Scholz ein Sozialdemokrat Arbeits- und Sozialminister in der großen Koalition, stand die Bildung einer paritätisch besetzten Kommission an, die sich auf einen Mindestlohn in der Pflegebranche einigen sollte. Ende Juni lief die Anmeldefrist für die Teilnahme in dem Gremium ab. Vertreten sein sollten die in der Pflegebranche aktiven Gewerkschaften und Arbeitgebervertreter, außerdem Caritas und Diakonie. Hartmut Ostermann und die anderen privaten Pflegedienstleister in Deutschland waren zu dieser Zeit allerdings noch nicht in einem gemeinsamen Verband organisiert. So kamen sie nicht in die Kommission. Zwar sprachen sie sich öffentlich ebenfalls für einen Mindestlohn aus – aber für einen möglichst niedrigen. Nun befürchteten sie, dass die Gewerkschaft Verdi sich in dem Gremium mit einer Lohnuntergrenze von mehr als neun Euro durchsetzen könnte. Dies sollte verhindert werden. Da geschah etwas Merkwürdiges. Plötzlich wurde die Anmeldefrist für

Auszug aus: Presseinformation von verdi, 19.07.2006, S.1/2.

die Mitarbeit in der Kommission um zwei Wochen verlängert. Gerade noch Zeit genug für die Privaten, sich zu organisieren. Beinahe über Nacht entstand im Juni 2009 der Arbeitgeberverband Pflege, in dem die acht größten privaten Pflegekonzerne mit von der Partie sind. Ostermann entsandte als stellvertretenden Vorsitzenden seinen FDP-Parteifreund Friedhelm Fiedler. Verbandsvorsitzender wurde Thomas Greiner, der zugleich Vorsitzender des Vorstandes des Dienstleistungskonzerns Dussmann ist. Zur Dussmann-Gruppe gehört die Kursana Residenzen GmbH. Kaum gegründet, schloss der Verband einen eigenen Tarifvertrag für Pflegehilfskräfte ab, jedoch nicht mit Verdi. Vertragspartner sind die *Gesundheitsgewerkschaft Medsonet* und der *DHV-Die Berufsgewerkschaft e.V.*, beide sind Mitglieder im umstrittenen Christlichen Gewerkschaftsbund. Auf Antrag von Verdi, die Medsonet und DHV als »Scheingewerkschaften« kritisiert, entscheidet das Arbeitsgericht Hamburg am 20. August 2010: Medsonet muss »zur Erfordernis eines Mindestmaßes an demokratischer Legitimation beim Abschluss von Tarifverträgen«

## „Rambo" in der Altenpflege oder wie Pro Seniore versucht, die Beschäftigten in die Knie zu zwingen.

Auszug aus: Infopost Altenpflege von verdi, 77/2008.

und als »Voraussetzung für die Anerkennung der Tariffähigkeit« nachweisen, welche Tarifverträge unter ihrem Einfluss abgeschlossen wurden. Verdi behauptet, im Ostermann-Konzern müsse man Medsonet-Mitglieder »mit der Lupe suchen«.

Unter den teilweise sehr schlechten Arbeitsbedingungen litt bisweilen auch die Pflegequalität massiv. Bei einer bis dahin beispiellosen Pflege-Razzia in allen bayerischen Pflegeheimen von Pro Seniore ergaben sich beispielsweise im Sommer 2006 laut Angaben der damaligen CSU-Sozialministerin Christa Stewens in sechs von zehn Fällen »bedenkliche Ergebnisse bei der Flüssigkeitsversorgung der Bewohner«. Es wurde vorübergehend ein Aufnahmestopp verfügt, leere Betten durften nicht belegt werden. Anlass für die Sonderkontrollen der Heimaufsicht und des Medizinischen Dienstes der Krankenkassen, MDK, waren damals Beschwerden von Pflegekräften der Nürnberger Pro Seniore-Residenz. Sie beklagten sich über eklatanten Personalmangel, Überlastung und »schlimme Zustände in der Pflege«. Erst nachdem der Ostermann-Konzern die Mängel abstellte und zusätzliches Personal beorderte, wurde der Aufnahmestopp aufgehoben.

Schon bald gab es neuen Ärger, diesmal in Ulm. Ebenfalls wegen gravierender Pflegemängel kündigte die Allgemeine Ortskrankenkasse, AOK, 2008 den Versorgungsvertrag mit dem dortigen Pro Seniore-Pflegeheim. Der Konzern klagte dagegen, der Streit wogte hin und her. Um endlich Ruhe zu bekommen, griff das Unternehmen zu einem Trick. Es wechselte einfach den Betreiber aus und strich den Namen Pro Seniore. Jetzt hieß die Einrichtung nur noch *Residenz Friedrichsau* und wurde organisiert von *Dr. Weber Consulting*, einer Gesellschaft mit Sitz in Mannheim. Praktisch für Pro Seniore: Rechtsanwalt Karl-Heinz Weber vertritt die Pflegeheimkette schon seit zwanzig Jahren, Hartmut Ostermann und der Mannheimer Jurist machen außerdem gemeinsam Geschäfte. Die Verbindung ist so eng, dass Insider von einem »reinen Etikettenschwindel« reden. Weber Consulting sei, so bestätigte es Ostermanns Pressesprecher und FDP-Parteifreund Peter Müller – nicht zu verwechseln mit dem gleichnamigen Ministerpräsidenten – gegenüber der *Südwest Presse Ulm*, nichts anderes als ein »Franchise-Nehmer«. Das »neue Konzept« habe »Pilotcharakter« für den Konzern. Müller: »Wir möchten zeigen, dass man eine Alten- und Pflegeheimeinrichtung ohne qualitative Abstriche im Franchise-Konzept führen kann.« Daran könnten sich andere Einrichtungen ein Beispiel nehmen und bei Pro Seniore einsteigen, der Pflegemarkt sei eine Wachstumsbranche. Müller: »Wir verfolgen mit unserem Konzept also auch eine Art Expansionsstrategie.« Heimaufsicht und AOK hatten dagegen offenbar keine Einwände. Ostermann gelang es, aus der Not des drohenden Verlustes eines Versorgungsvertrages heraus, eine neue lukrative Nische am Pflegemarkt zu öffnen.

Es ist nur eine von vielen Baustellen gleichzeitig, auf denen der Pflegeheimchef Probleme lösen musste. Sieben Jahre schleppte sich beispielsweise ein Gerichtsverfahren hin, in dem es darum ging, ob Pro Seniore in einem Mannheimer Heim zu Recht die Entgelte erhöht hatte. Die Aufsichtsbehörde lehnte diese Kostenbescheide ab. Der Pflegeheimbetreiber begründete die höheren Preise gegenüber den Heimbewohnern lediglich mit dem allgemeinen Hinweis auf gestiegene Pflegesatzkosten. Ende Juli 2009 entschied das Bundesverwaltungsgericht: Dies genüge nicht. Die Bewohner und der Heimbeirat müssten »Gelegenheit erhalten, die Angaben des Trägers durch Einsichtnahme in die Kalkulationsgrundlagen zu überprüfen«.

## »Da steckt (...) ein Teil kriminelle Energie dahinter«

Ein massives Imageproblem hat Konzernchef Hartmut Ostermann nicht nur bei Arbeitnehmern, Gewerkschaften oder et-
lichen Bewohnern seiner Pflegeheime. Auch auf der landespolitischen Ebene geriet er in Folge jener Selbstanzeige vom
16. August 2002 über die gigantische Lohnsteuerhinterziehung
von 17 Millionen Euro heftig in die Kritik. Als nach und nach
weitere Steueraffären rund um andere saarländische Großbe-
triebe bekannt wurden, beantragte die SPD-Opposition bereits
2003 einen Untersuchungsausschuss, der den Steuervollzug im
Saarland ausleuchten sollte. Zu den ausgewählten Fällen gehört
auch die Ostermann-Gruppe.

Im Vordergrund der Berichterstattung stand damals allerdings
weniger der Pflegeheimbetreiber, sondern Willi S., Geschäftsführer einer großen Zulieferfirma für die Automobilkonzerne VW,
Audi und Ford. Der parlamentarische Untersuchungsausschuss
Steuervollzug ging der Frage nach, ob der Manager, Duz-Freund
von CDU-Ministerpräsident Peter Müller und zu jener Zeit
Großspender der saarländischen Union, womöglich durch eine
in Aussicht gestellte Bürgschaft von der CDU-geführten Landesregierung bevorzugt behandelt wurde. Die Staatskanzlei wies
den Verdacht zurück. Die SPD-Opposition blieb bei ihrer Kritik,
es sei gemauschelt worden. Die Geschichte von Willi S. lief auch
in überregionalen Medien wie dem *Spiegel* oder dem *ZDF*.

Hartmut Ostermann ist es gerade recht, dass seine Rolle im
saarländischen Steuergefüge bundesweit kaum registriert wird.
Obwohl die Sozialdemokraten auch in seinem Fall eine »unglaub-
liche Sonderbehandlung« sahen. Über einen Zeitraum von weit
mehr als einem Jahr habe der Konzern, teilweise »mit ausdrück-
licher Genehmigung des zuständigen Finanzamtes« in Saarbrücken, sogenannte Null-Erklärungen abgegeben. Im Klartext:
Eine Firma mit rund 10 000 Mitarbeitern erweckte den Eindruck,

sie habe keinen einzigen steuerpflichtigen Beschäftigten. Der Skandal im Skandal: Im Finanzamt fiel es lange keinem auf. Die SPD-Opposition kritisierte dies in ihrem Sondervotum im Abschlussbericht des Untersuchungsausschusses als »rechtswidrige Gewährung eines Steuervorteils« für das Unternehmen. Heftig moniert wurde auch, dass Ostermann nach seiner Selbstanzeige nicht, wie vom Finanzamt zunächst gefordert, die Steuermillionen innerhalb von vier Wochen nachzahlen musste, sondern im Rahmen einer »Vereinbarung« ratenweise innerhalb eines halben Jahres. Dabei wird speziell die Lohnsteuer üblicherweise gar nicht gestundet. Die CDU-Alleinregierung wies freilich auch in diesem Fall jede Kritik zurück. Es habe sich herausgestellt, »dass auf das Besteuerungsverfahren der Pro Seniore-Gruppe zu keinem Zeitpunkt eine politische Einflussnahme ausgeübt worden ist«. Im Übrigen sei dem Land »aus dem Vorgang kein Schaden entstanden«. Selbst in Kreisen der Landesregierung kursierte jedoch hartnäckig die Vermutung, der Ostermann-Konzern sei durch die Zahlungsvereinbarung gezielt vor einer Insolvenz bewahrt worden.

Während die Finanzverwaltung sich nach außen mit Vorwürfen gegen den Pflegemogul zurückhielt, wurden in den nichtöffentlichen Sitzungen des Untersuchungsausschusses Steuervollzug harte Töne gegenüber Ostermann angeschlagen. Etwa von CDU-Finanzstaatssekretär Gerhard Wack, der dieses Amt auch sieben Jahre später in der Jamaika-Koalition weiter ausübt. Neu ist: Jetzt sitzt Ostermann – obwohl weder vom Volk noch dem Parlament gewählt – mit im Koalitionsausschuss, dem wichtigsten außerparlamentarischen politischen Gremium der schwarz-gelb-grünen Regierung. Im einflussreichsten Kaffeekränzchen des Saarlandes treffen sich regelmäßig der Ministerpräsident, etliche Minister, die Partei- und Fraktionschefs.

Als Gerhard Wack 2003 hinter verschlossenen Türen über Ostermanns Steuerhinterziehungs-Fall befragt wurde, gab er eine überraschend deutliche Antwort: »Da steckt in meinen Augen ein Teil kriminelle Energie dahinter. Sie wussten genau in meinen Augen, was hier gemacht worden ist und wie sie es gemacht haben.« Und: »Die haben hier mit der Finanzverwaltung geschickt gespielt. Sie haben zunächst eine Null-Anmeldung angegeben, dann waren sie über die Frist hinweg. Das wusste man, das kann nicht länger Bestand haben. Dann haben sie eine Berichtigung gemacht. Dann haben sie schön diese Berichtigung, nach meiner Einschätzung gerade wie die Liquidität war, mit verminderten Abgaben gemacht oder sie haben ein, zwei Monate echte Zahlen angemeldet und so gerade nach ihren Bedürfnissen mit der Lohnsteuerzahlung recht erfolgreich über die gesamte Distanz diese 17 Millionen dort peu à peu in ihrem Kreislauf auch belassen.« Und: »Ich würde den Fall wirklich als absoluten Ausnahmefall bezeichnen, insbesondere auch hinsichtlich der Höhe.«

Mittlerweile haben sich die Vorzeichen geändert. Böse Worte gegen den neuen politischen Verbündeten sind seit Herbst 2009 nicht mehr opportun. Die Grünen freuen sich über seine Spenden und fallen als Aufklärer komplett aus, das Finanzministerium und der CDU-Fraktionsvorsitzende Klaus Meiser agieren fortan als eine Art PR-Agentur für den Koalitionspartner Ostermann. Ihm gelingt es, alle für sich einzuspannen. Die »Investition in Köpfe«, die er propagierte, zahlt sich jetzt offenbar aus.

Der Konzernboss, dessen steuerlicher Hauptsitz ursprünglich Worms war, agierte an verschiedenen Standorten. Zeitweise auch in Vaterstetten bei München. Erst Ende 1997 übersiedelte er offiziell nach Saarbrücken und bezog ein Büro im Luxus-Hotel Victor's. Als Zeuge im Untersuchungsausschuss Steuervollzug nannte er 2003 auf Nachfrage »strategische Überlegungen« als Motiv für den Umzug. Während viele Firmen sich damals nach Osten orientiert hätten und sich in Berlin niederließen, habe er den »westeuropäischen oder den westdeutschen Teil im Auge gehabt«. Ostermann: »Deshalb haben wir überlegt, welche Landeshauptstadt am ehesten geeignet ist, den Ansprüchen Rechnung zu tragen, die wir hatten im Hinblick auf Personalressourcen, die in München knapp waren, auch im Hinblick auf die sonstige Infrastruktur. Deswegen haben wir dann ganz abstrakt Saarbrücken ausgewählt.« Eine sprachliche Staubwolke, viel Wirbel, keine Sicht.

Wesentlich plausibler, weil praktischer, erscheint ein anderer Grund für die Umsiedlung. Schon Anfang der Neunzigerjahre machte Ostermann im Saarland Immobiliengeschäfte mit dem Homburger Bauunternehmer und Fußballsponsor Udo Geitlinger, mit dem zusammen er einige Jahre lang den Regionalverein FC Homburg dominierte. Im Dezember 1992 tauchte Ostermann bereits im Handelsregister einer in Homburg ansässigen Firma auf: als Vorstand der Firma PBG Bau + Wert Aktiengesellschaft. Grundkapital: eine Million D-Mark. Gegenstand des Unternehmens war die »Erbringung von Hochbauten wie Wohnungen, Hotels, öffentlichen Gebäuden und Gewerbeobjekten sowie Ingenieurbauten aller Art und alle damit im Zusammenhang stehenden Tätigkeiten«. Ostermann vertrat die Gesellschaft laut Register alleine. Von Homburg aus entwickelte der FDP-Mann – nicht zuletzt über die Fußballschiene – schnell Kontakte zum 1. FC Saarbrücken. Der Sportverein ist Kommunikationsplattform und Türöffner für jene, die den Kick gern mit dem Geschäft verbinden.

Der steuertechnische Umzug brachte Ostermann durch eine Verkettung organisatorischer Schlampereien in der Finanzbehörde gleich zum Einstieg immense Vorteile durch liquide Mittel in Millionenhöhe. Am 8. November 1997 schickte das Finanzamt Worms den Kollegen in Saarbrücken die Mitteilung über die Änderung der örtlichen Zuständigkeit. Gut zwei Wochen später bestätigten die saarländischen Finanzbeamten die Übernahme des »Steuerfalls«. Dann passierte – nichts. Erst Mitte November

**65**

1998 lagen die kompletten Lohnsteuerakten endlich im Saarland vor, angeblich nach einer ausdrücklichen Nachfrage der Saarbrücker Beamten. So stellte jedenfalls CDU-Finanzstaatssekretär Gerhard Wack später die Abläufe dar. Angeblich zahlte die Ostermann-Firma im ersten Halbjahr 1998 die Lohnsteuer noch in Worms. Ab August 1998 erfolgten im Saarland offenbar erstmals sogenannte Nullanmeldungen. Sie flogen erst durch die Selbstanzeige von Steuerberater Alfred J. am 16. August 2002 auf.

Das Finanzamt Saarbrücken wurde lange Zeit mit simplen Tricks überlistet, die nach Einschätzung von Verwaltungsexperten nur jemand anwenden kann, der Ahnung von den internen Abläufen hat. So gab die Konzerntochter Pro Seniore GmbH zwar in der Regel die richtige Steuernummer an – wenn sie denn etwas angibt –, verwendete dabei jedoch nichtsaarländische Vordrucke. Etwa bei der Lohnsteueranmeldung von Angehörigen der Freireligiösen Gemeinde in Mainz. Die dafür in Rheinland-Pfalz gängige Kennzahl 65 wurde im Saarland nicht verwendet. Allein dieses Detail verhinderte laut CDU-Finanzstaatssekretär Gerhard Wack»regelmäßig eine sofortige und störungsfreie Verbuchung«. Und schon brach die komplette automatische Überwachung zusammen.

Es waren indes nicht nur technische Probleme. Offenbar kamen die zuständigen Finanzbeamten ihrer Überwachungspflicht »nicht ordnungsgemäß nach«. So wird eine mit Ostermanns Steuerberater Alfred J. zwischendurch vereinbarte Sonderregelung über zeitversetzte Steuererklärungen nicht kontrolliert. Wack gibt intern zu:»Eine personelle Überwachung der eingeräumten Anmeldungsregelung fand nicht statt.« Ein Ermittlungsverfahren gegen einen Finanzbeamten verlief im Sand.

Für den Saarbrücker Oberstaatsanwalt Raimund Weyand ist der Fall strafrechtlich klar. Er geht nicht von einer»einfachen«, sondern einer»gewerbsmäßigen« Steuerhinterziehung nach damals geltendem Recht aus. Und in einem solchen Fall befreite eine Selbstanzeige, wie sie Ostermanns Steuerberater Alfred J. im August 2002 erstattete, nicht vor strafrechtlicher Verfolgung. Weyand präsentierte deshalb am 25. November 2004 eine Anklageschrift. Er wirft dem Konzernchef vor, er habe veranlasst, dass »unrichtige Lohnsteueranmeldungen eingereicht wurden«. Unterstützt wurde Ostermann dabei laut Anklage von einer leitenden Mitarbeiterin. Beide hätten mit ihrem »gemeinsam vorgefassten Tatentschluss« erreichen wollen – und auch erreicht – »dass die tatsächlich geschuldeten Steuerbeträge dem Unternehmen selbst bzw. über den bestehenden *Cash-Pool* auch anderen im Konzernverband stehenden Unternehmen zugute kamen«. So sei über Jahre hinweg »eine dauerhafte Einnahmequelle von einigem Gewicht« ausgeschöpft worden.

Mitbeschuldigt wurde in der Anklageschrift vom 25. November 2004 auch Ostermanns Steuerberater Alfred J. Dem, so der Vorwurf, sei diese Praxis bekannt gewesen und er habe deshalb mehrfach versucht, die kurz bevorstehende Betriebsprüfung – und damit die Offenbarung der Machenschaften – abzuwenden. Einmal gelang dies auch. So wurde ein Kontrolltermin aufgrund eines schriftlichen Antrages von J. auf eben jenen 19. August 2002 verschoben, der schließlich Anlass für die Selbstanzeige wurde. Sechs Tage vor Beginn dieser Prüfung versucht J. noch einmal, Zeit zu gewinnen. Vergeblich.

So überzeugt Oberstaatsanwalt Raimund Weyand von seiner Rechtsposition ist: Er dringt mit seiner juristischen Einschätzung des spektakulären Steuerfalls nicht durch. Das Landgericht Saarbrücken entscheidet am 10. Mai 2005: Die Anklage wird nicht zugelassen. Die Begründung löst Begeisterung bei den Beschuldigten aus. Die saarländischen Richter kommen zu dem Ergebnis, »das Schuldprinzip« verbiete es, bei mehreren Steuerhinterziehungen »die verkürzten Beträge der einzelnen Taten zu addieren«, um so ein »großes Ausmaß« im Sinne der Abgabenordnung begründen zu können. Und sie legen auch eine Summe fest, die in jedem Einzelfall mindestens erreicht sein muss: 50 000 Euro. Für Ostermann äußerst vorteilhaft. Der Unternehmer hat Glück, dass bis dahin noch keine höchstrichterlich fixierten Betragsgrenzen zu der Frage existieren, was denn eine Steuerhinterziehung »großen Ausmaßes« sei. Der Bundesgerichtshof plädiert dafür, dies müsse in jedem Einzelfall überprüft und ins Verhältnis zur Größe des jeweiligen »Eigennutzes« gesetzt werden. Die Staatsanwaltschaft scheitert mit ihrer Auffassung, die einzelnen Summen dürften durchaus addiert werden, wodurch man auf einen Schaden in Millionenhöhe komme. Einig sind sich Ankläger und Richter in einem anderen Punkt. Es handelte sich lediglich um eine »Steuerhinterziehung auf Zeit«. Die Beschuldigten wollten sich »eine vorübergehende Liquiditätsreserve schaffen« und »die zu entrichtenden Lohnsteuerbeträge spätestens im Zusammenhang mit einer anstehenden Lohnsteueraußenprüfung in korrekter Höhe« nachentrichten, wie die 8. Strafkammer in ihrem Ablehnungsbescheid formulierte. Auch Steuerberater Alfred J. kommt strafrechtlich ungeschoren davon. Da es sich eben nicht um eine Steuerhinterziehung großen Ausmaßes, sondern um eine einfache handele, führe die Selbstanzeige zur Straffreiheit. Ein halbes Jahr später bestätigt das Oberlandesgericht des Saarlandes die für den Pflegetycoon vorteilhafte Entscheidung. Auch wenn der Tatbestand der Steuerhinterziehung »objektiv erfüllt« sei, so das OLG, scheitere eine Verurteilung daran, »dass keine Steuervorteile in großem Ausmaß in Rede stehen«. Strafrechtlich ein Erfolg für Ostermann.

Kaum hatten im Saarland Landtagsabgeordnete das Geschäftsgebaren von Ostermann – wegen des Steuergeheimnisses nur hinter verschlossenen Türen – kritisch betrachtet, tauchte sein Name im Berliner Bankenskandal auf, der bis dahin größten Affäre um ein deutsches Kreditinstitut. Die fragwürdige Rolle des FDP-Mannes in diesem spektakulären, milliardenschweren Wirtschaftskrimi wird in seiner neuen Heimat an der Saar allerdings kaum wahrgenommen. Anders in Berlin. Dort beschäftigte sich, von 2001 bis 2006, ein Untersuchungsausschuss des Abgeordnetenhauses mit den atemberaubenden Immobiliengeschäften der Berliner Bankgesellschaft zu Lasten der Steuerzahler. Ganz vorn in der Aufklärungstruppe agierte die unterdessen verstorbene Grünen-Abgeordnete Barbara Oesterheld, die den Saarbrücker Pro Seniore-Konzern äußerst kritisch unter die Lupe nahm. Denn mit 26 Objekten steckte Pflegeheimbetreiber Hartmut Ostermann millionenschwer mittendrin im Immobiliensumpf.

## Berliner Bankenskandal – verheimlichte Risiken

Die Geschichte beginnt im Januar 1994. Damals beschließt die Berliner Große Koalition aus CDU und SPD mit dem Regierenden Bürgermeister Eberhard Diepgen, CDU, an der Spitze die Gründung der BankGesellschaft Berlin, BGB. Die neue Aktiengesellschaft ist ein Zusammenschluss der öffentlich-rechtlichen LandesBank, LBB, mit der Sparkasse, der Berliner Bank, BB, und der Berliner Hypotheken- und Pfandbriefbank, Berlin Hyp. Im Rausch der neuen Gründerjahre nach der Wiedervereinigung wollen die Lokalpolitiker Berlin zur internationalen Finanzmetropole entwickeln. Schöne Gewinne versprechen sich die Politakteure nicht zuletzt vom Immobiliengeschäft. Erster Aufsichtsratchef wird der ehemalige Daimler-Boss Edzard Reuter. Schon 1995 legt die BGB den ersten geschlossenen Immobilienfonds auf, Volumen: mehr als eine Milliarde D-Mark. Das Geschäft läuft aber nur schleppend an. Die Bank verdient erst dann prächtig an Gebühren und Kreditzinsen für die Fonds, die in der Regel von der konzerneigenen LBB oder der BerlinHyp finanziert werden, als der Aufsichtsrat der Banktochter Immobilien- und Baumanagement GmbH, IBG, Anlegern sensationelle

Sicherheiten bietet. Das Kreditinstitut garantiert insbesondere hohe Mietzahlungen und Laufzeiten bis zu 30 Jahren – selbst für den Fall, dass eine Immobilie leer stehen sollte. Und am Ende lockt eine Rückzahlungsgarantie. Sicherer geht es für Investoren nicht.

Am Ende verzockt sich die Bank, der zunächst so prachtvoll schnurrende Gewinnmotor gerät ins Stottern und wird schließlich von einem krachenden Kolbenfresser zerlegt. Viele Kredite platzen. Die Banker versenken Milliarden, die genaue Schadenshöhe steht Ende 2010 noch immer nicht fest. Die große Koalition scheitert. Der Regierende Bürgermeister Eberhard Diepgen wird von der nachfolgenden rot-rot-grünen Mehrheit mittels eines Misstrauensvotums gestürzt. Im Frühjahr 2002 beschließt die neue Landesregierung eine Bürgschaft in Höhe von mehr als 21 Milliarden Euro für mögliche weitere Verluste.

Aber vor dem Kater kommt der Rausch, die Stimmung beim Monopolyspiel ist prickelnd. Die Player flanieren auf der Schlossallee, im Armenghetto Badstraße will keiner hängenbleiben. Schon gar nicht Pflegetycoon Ostermann. Die Immobilien und Baumanagement GmbH, für die Bank ständig auf der Suche nach Kaufobjekten für ihre Fonds, nimmt Kontakt zu ihm auf. Ob er nicht einsteigen wolle. Sein wichtigster Gesprächspartner ist angeblich der IBG-Boss Manfred Schoeps, der als der »geistige Vater« der Fondsgeschäfte gilt. Bis zum Jahr 2000 kauft die Bank 26 Immobilien, die von Ostermann betrieben werden. Er ist einer der Hauptmieter, die laut Prospektwerbung für die gegenüber den Anlegern versprochenen fünfundzwanzig- bis dreißigjährigen Mietgarantien gerade stehen sollen. Für den Pflege-Unternehmer ist das Geschäft mit der IBG interessant, weil die Fonds nicht nur für die Immobilie, sondern zusätzlich auch für die in der Eröffnungsphase anfallenden Aufwendungen zahlen, sogenannte *Pre-Opening-Kosten*, etwa für die Innenausstattung

Auszug aus: Protokoll des Untersuchungsausschusses zur Aufklärung der Bankgesellschaft AG, Wortprotokoll, 1. UntA 15/56, 5.11.2004, S. 48.

der Häuser. In einigen Fällen kassiert Ostermann solche Zahlungen auch für Einrichtungen, die schon längst in Betrieb sind. Einen Verwendungsnachweis für diese Extrasummen verlangt die Bank offenbar nicht, wie Ostermann als Zeuge 2004 im Untersuchungsausschuss einräumt. Pre-Opening-Kosten werden ihm nach den Erkenntnissen des Gremiums offenbar sogar für seine Büroetage in Victor's Hotel im Deutschmühlental in Saarbrücken gezahlt, das im Fondsprospekt als »Pflegeheim« auftaucht. Laut Abschlussbericht des Untersuchungsausschusses kassiert Ostermanns Betreiberfirma *Deutsche Seniorenförderung und Krankenhilfe e.V.*, DSK, »zur Überbrückung der Eröffnungsphase ihrer in die Fonds eingebrachten Objekte rund 200 Millionen D-Mark«. Besonders erstaunlich: Für diese gigantische Summe gibt es angeblich nicht einmal eine schriftliche Vereinbarung. Mitarbeiter einer Konzerntochter der Bankgesellschaft Berlin haben jedenfalls »vergeblich nach der vertraglichen Grundlage dieser Zuschüsse gefahndet«. Nur Hartmut Ostermann behauptet, es gebe eine »Rahmenvereinbarung«. Die Geschichte bleibt dubios. Insider vermuten, dass wesentliche Entscheidungen direkt

Auszug aus: Untersuchungsausschuss zur Aufklärung der Bankgesellschaft AG, Wortprotokoll, 1. UntA 15/37, 21.11.03, S. 45.

zwischen Ostermann und Manfred Schoeps besprochen werden. Vor allem, wenn es um besonders delikate Punkte geht.

Dies bestätigte die Zeugin Jutta B., die zur fraglichen Zeit bei der Berliner Bankgesellschaft-Tochter Finanzbeteiligungs- und Verwaltungs GmbH, LPFV, im Bereich des Risikomanagements arbeitete. Sie schildert dem Untersuchungsausschuss, intern sei bekannt gewesen, dass die Ostermann-Firma DSK ihren Mietverpflichtungen nicht nachkomme. Laut B. würden die Verhandlungen darüber von »Herrn Schoeps persönlich (...) geführt«, unterstützt von der Abteilung *Sonderprojekte*. Die ist offiziell für die Bonitätsüberwachung der wichtigsten Mieter in den Fonds zuständig, darunter Ostermann. Tatsächlich wussten die Banker aber offenbar erstaunlich wenig über ihre Geschäftspartner. Zeugin Jutta B. sagte aus: »Da gab es relativ schnell einen Fehler im System, nämlich, dass die Mieter ihrerseits keinerlei Verpflichtungen hatten, Bilanzen offen zu legen und uns Unterlagen aus ihrer Unternehmenstätigkeit zur Verfügung zu stellen. Das hatte den Effekt, dass diese Informationen meistens auf Freiwilligkeit basierten und dann, je nachdem, wie eng und einfach oder kompliziert die Zusammenarbeit mit den jeweiligen Unternehmen war, zur Verfügung oder auch nicht zur Verfügung standen.«

Im Fall Ostermann lief es nach Angaben der Zeugin äußerst merkwürdig. Obwohl die Bankgesellschaft noch 2 000 Geschäfte mit dem Saarländer machte, verfügte sie nur über alte Zahlen

Auszug aus: Untersuchungsausschuss zur Aufklärung der Bankgesellschaft AG, Abschlussbericht, Drucksache 15/4900, S. 320.

von 1998. Jutta B.:»Dort haben wir als Abteilung Grundsatzfragen auch keine weiteren Prüfungen vornehmen können, weil wir schlichtweg kein Material hatten.« Just zu jener Zeit war Ostermann schon mit mehreren Monatsmieten in Verzug. Dies bestätigt auch ein guter alter Bekannter von ihm: Helmut Müller, ehemaliger SPD-Bürgermeister in Saarbrücken, anschließend Vorstandsmitglied der dortigen Sparkasse und designierter Chef des Sparkassen- und Giroverbandes. Wegen einer Korruptionsaffäre wird Müller 1995 entlassen. Der Grund: Er und ein Vorstandskollege hatten sich von einem Kunden mehrfach zu kostspieligen Bordellbesuchen einladen lassen. Noch im selben Jahr heuerte der Banker bei Hartmut Ostermann als Berater an und wird schon bald nebenbei Geschäftsführer der *Pro Seniore Consulting und Conception AG*, laut Müller»eine Art Bauträgergesellschaft, die Sozialimmobilien errichtet hat«. In dieser Phase wurden bereits die ersten Geschäfte mit der IBG, der Tochterfirma der Berliner Bankgesellschaft, abgewickelt. Ende 1999 landete Helmut Müller überraschend auch dort in der Geschäftsleitung. Mit dem obersten IGB-Boss, Manfred Schoeps, dem engen Geschäftspartner Hartmut Ostermanns, hatte Müller auch fortan beruflich weiter zu tun, nur auf der anderen Seite des Tisches.

Als Zeuge im Untersuchungsausschuss zur Berliner Bankenaffäre sagte Helmut Müller im November 2004 über den Saarbrücker Konzernchef: »Die Unternehmensgruppe DSK/Pro Seniore ist ein Unternehmen, das sich trotz seiner heutigen Betriebsgröße dadurch auszeichnet, dass es eine *One-Man-Show* ist (...) Das ist ein Unternehmen, das so extrem auf diese Person ausgerichtet ist, dass in diesem Unternehmen – ich sage es mal scherzhaft – wahrscheinlich kein Scheck über tausend Euro unterschrieben wird, ohne dass er vom Herrn Ostermann abgesegnet ist.« Ostermann zahlt besonders gern mit Schecks – bis die beim Empfänger gut geschrieben sind, vergehen oft Tage, so beschafft sich das Unternehmen Liquidität. Wegen der Eigenarten des Konzernlenkers, behauptet Müller in seiner Vernehmung, habe er seine Beratungstätigkeit dort aufgegeben, »weil ich mit dieser Art von Führungsstil auch für die Tätigkeit, die ich sogar als selbständiger Berater dort ausgeübt habe, nicht zurechtgekommen bin«. Müller: »Ich habe nicht immer die Informationen bekommen, die ich gebraucht habe, um meine Beratungsaufträge auch (...) umfassend ausführen zu können.« Ob diese Distanzierung angesichts bohrender Fragen der damaligen Berliner Grünen-Vorsitzenden Barbara Oesterheld nach seinem Zusammenwirken mit Ostermann nur taktisch begründet war, bleibt offen.

Auffällig ist, dass Helmut Müller ausgerechnet in einer Phase zur IBG wechselte, in der Ostermanns Mietrückstände in den Fondsobjekten zweistellige Millionenbeträge erreichten. IBG-Boss Manfred Schoeps, ein CSU-Mann, beauftragte Müller, sich um das Thema Mietschulden zu kümmern. Alles nur Zufall? Ostermann kann sich jedenfalls aus der Affäre ziehen – oder wird gezogen. Die Fondsgesellschaft verrechnete Mietrückstände mit noch offenen Pre-Opening-Kosten.

Erst recht auffällig war die wirtschaftliche Entwicklung der Pro Seniore-Gruppe: In den Jahren, in denen die Berliner mit

Ostermann Immobiliengeschäfte abwickelten, also etwa zwischen 1996 und 2000, verdoppelte sich die Bettenkapazität seiner Einrichtungen von rund 8 500 auf fast 17 500, die Zahl der Beschäftigten bei Pro Seniore wuchs parallel von 5 500 auf mehr als 9 000. Insider gehen davon aus, dass Ostermann damals vor allem dank der üppigen Pre-Opening-Zahlungen im Zusammenhang mit den Fondsgeschäften der Berliner Bankgesellschaft eine Reihe neuer Einrichtungen aufbauen konnte. Grafiken zur Geschäftsentwicklung, die das Unternehmen im Internet präsentiert, zeigen, dass die Betten- und Beschäftigtenzahlen seit 2001 kaum noch gestiegen sind.

Manche Berliner Grüne können nur schwer nachvollziehen, dass ihre saarländischen Parteifreunde ausgerechnet mit Ostermann politisch eng kooperieren und beachtliche Parteispenden annehmen.

Strafrechtlich ist der Berliner Bankenskandal noch nicht abgeschlossen. Erste Urteile gegen verantwortliche Manager wegen Untreue vom März 2007 wurden vom Bundesverfassungsgericht im August 2010 aufgehoben, weil Berliner Richter den zugrunde gelegten Schaden nicht genau genug berechnet hatten. Zivilrechtlich gab es eine Reihe von Urteilen, in denen Manager der Bank oder ihrer Tochtergesellschaften zu Schadenersatzleistungen gegenüber Anlegern verurteilt wurden. In einer rechtskräftigen Entscheidung des Landgerichts Berlin vom 30. Oktober 2007, Aktenzeichen **10a O 76/05**, spielt Ostermanns Deutsche Seniorenförderung und Krankenhilfe e.V., DSK, eine zentrale Rolle. In einem Fondsprospekt wird die DSK noch im Oktober 2000 als »stabile und ertragsstarke Gesellschaft« gepriesen. Was die Anleger nicht erfahren: Der Verein ist bereits in der zweiten Hälfte 1999 mit Mieten in Höhe von mehr als zehn Millionen Euro im Rückstand, Ende 2001 sind es laut Urteil bereits doppelt so viel. Bei den Berliner Bankern galt Ostermann inoffiziell schon früh nicht mehr als sicherer Mieter, weshalb sie die weitere

Finanzierung von DSK-Projekten ablehnten. Sogar eine Insolvenz schlossen sie damals nicht aus. Nach Auffassung des Gerichts war die Darstellung der DSK im Fonds-Prospekt »unvertretbar positiv« und ein »so gravierender Fehler«, dass »offen bleiben kann, ob auch noch weitere Prospektmängel vorliegen«. Die Bewertung sei »nicht nur grob falsch, sondern erfolgte wider besseres Wissen«. Durch diese unzutreffenden Angaben sei in das Recht des Anlegers »eingegriffen worden (…) selbst in Abwägung des Für und Wider darüber zu befinden, ob er in ein Projekt investieren will, das bestimmte Risiken enthält«. Und: »Der Erwerb einer Kapitalanlage mit einem verheimlichten Risiko (…) gefährdet sein Vermögen.« Die Verantwortlichen der Vertriebsfirma hätten »bewusst eine Lüge in die Welt« gesetzt: »Sie handelten vorsätzlich.«

In ihrem harschen Urteil vom Oktober 2007 förderten die Richter der Zivilkammer 10a des Landgerichts Berlin zugleich einen dubiosen Finanztransfer zwischen Ostermanns DSK und der Berliner Bankgesellschaft zutage. So habe die Berliner Immobilien Beteiligungs- und Vertriebsgesellschaft, IBV, die Mietverträge mit der DSK vom Oktober 1998 im darauffolgenden Jahr so geändert, dass dem hochverschuldeten Mieter »nachträglich erhöhte Einrichtungskostenzuschüsse und Pre-Opening-Zahlungen von über 15 Millionen DM zustanden, die er im Dezember 2000 sodann zur Verrechnung weiterer Mietrückstände verwenden konnte«. Ostermann wird vom Großschuldner zum Gläubiger. Strafrechtlich spielt dieser von den Zivilrichtern beschriebene Vorgang erstaunlicherweise keine Rolle. Niemand erstattete Strafanzeige. Und niemand hakte nach, warum Ostermann als Partner der Berliner Bankgesellschaft im Jahr 2000 nicht von sich aus auf den für ihn doch wohl erkennbar falschen Prospektinhalt hinwies. Der Berliner Rechtsanwalt Wolfgang Schirp, der nach der Pleite viele Anleger vertrat, hält es »für kaum vorstellbar, dass Ostermann nichts von der Werbung mitbekommen hat«. Für

Schirp ist es deshalb »schon erstaunlich, dass die Berliner Staatsanwaltschaft kein Ermittlungsverfahren einleitete«. Zehn Jahre später will der zwischenzeitlich zum Regierungsmacher an der Saar aufgestiegene Großunternehmer weder Fragen zu diesem noch einem anderen Thema beantworten. Etwa zu einer weiteren bemerkenswerten Wohltat, die ihm 2008 in Saarbrücken widerfährt. Auch hier geht es um erhebliche Schulden der DSK, mal wieder um Steuerrückstände.

Am 19. Juni 2008 müssen sich die Mitglieder des Finanz- und Liegenschaftsausschusses der Landeshauptstadt Saarbrücken in einer nicht öffentlichen Sitzung mit einem delikaten Thema befassen: der Niederschlagung von Gewerbesteuern. Eigentlich Routine. Oft sind die Schuldner Gastronomiebetriebe, Handwerker, Servicefirmen. Diesmal geht es um einen Prominenten, den sie alle kennen: Hartmut Ostermann, Vorstandssprecher der DSK, Deutsche Seniorenförderung und Krankenhilfe e.V. Die ehemals gemeinnützige Organgesellschaft schuldet der Stadt 2 813 994,21 Euro Gewerbesteuer nebst Zinsen. Es sind uralte Forderungen ab dem Jahr 1993! Der Verein hatte seinen nominellen Sitz in Worms. Der Streit um die Steuerforderung wogte schon seit Jahren. Der für die Finanzen der Stadt damals noch zuständige hauptamtliche CDU-Beigeordnete Frank Oran schlägt in seiner Vorlage an die Kommunalpolitiker vor, der Ostermann-Verein solle »unverzüglich« 1 334 516,23 Euro »an die Stadtkasse überweisen«. Die Steuerschuld sei im Übrigen »nur entstanden, da rückwirkend die Gemeinnützigkeit des Vereins durch Gericht entzogen worden ist«. Details über die Gründe hierfür erspart sich Frank Oran. Nur so viel lässt der CDU-Politiker seine Ratskollegen wissen: »Herr Ostermann hat seine Mitarbeiterin angewiesen, den Steuerbetrag unverzüglich zu überweisen.« Ein Beleg wird den Abgeordneten nicht vorgelegt. Die Zahlung der Nebenforderungen, bedauert Christdemokrat Oran, »kann nicht

Der aktuelle Rückstand an Nebenforderungen stellt sich wie folgt dar:

| | |
|---|---|
| Säumniszuschläge zur Gewerbesteuer 1996 | 9.114,00 Euro |
| Säumniszuschläge zur Gewerbesteuer 1997 | 130.754,00 Euro |
| Mahnkosten | 8.732,50 Euro |
| Zinsen zur Gewerbesteuer 1993 | 40.464,00 Euro |
| Zinsen zur Gewerbesteuer 1996 | 47.064,00 Euro |
| Zinsen zur Gewerbesteuer 1997 | 391.950,00 Euro |
| Stundungszinsen | 195.041,00 Euro |
| **Zusammen:** | **823.119,50 Euro** |

Herr Ostermann hat seine Mitarbeiterin angewiesen, den Steuerbetrag unverzüglich zu überweisen. Eine Eilüberweisung ist an uns unterwegs. Die Zahlung der Nebenforderungen kann nicht bewirkt werden.

Im Rahmen von Beitreibungsmaßnahmen ist bekannt geworden, dass der Verein über keine nennenswerten Vermögensgegenstände und Geldmittel verfügt. Freiwillige Zahlungen können nicht erwartet werden. Im Haftungsverfahren als Schadensersatzhaftung müsste dem Vorstandssprecher nachgewiesen werden, dass er vorsätzlich oder grob fahrlässig seiner Verpflichtung zur Zahlung von

Auszug aus Drucksache VWT/0825/08 der Landeshauptstadt Saarbrücken, 17.6.08, S. 2.

bewirkt werden«. Im »Rahmen von Beitreibungsmaßnahmen«, die nicht weiter erläutert werden, sei »bekannt geworden, dass der Verein über keine nennenswerten Vermögensgegenstände und Geldmittel verfügt«. Freiwillige Zahlungen »können nicht erwartet werden«. Und in einem Haftungsverfahren müsste Vorstandssprecher Ostermann nachgewiesen werden, »dass er vorsätzlich oder grob fahrlässig seiner Verpflichtung zur Zahlung von Nebenforderungen nicht nachgekommen ist«. Dies sei aber »äußerst schwer«. Es bleibe daher »nur das Niederschlagungsverfahren«. Kein Wort in der amtlichen Vorlage des CDU-Finanzdezernenten, der seit Januar 2010 in der Geschäftsführung der Homburger Karlsberg Brauerei arbeitet, was die Stadt konkret an Beitreibungsmaßnahmen versucht hat. Für Ostermann, seit April 2008 Vorsitzender des FDP-Kreisverbandes Saarbrücken, lohnt sich seine jahrelange Zahlungsverweigerung. Der Ausschuss erlässt der DSK 823 119,50 Euro. Ende September 2008 verzichtet die Stadt auf weitere 100 764 Euro Zinsen. Macht zusammen 923 883,50 Euro. Eine schöne Summe, die die am Rande des Ruins agierende Kommune gut gebrauchen könnte. Die DSK meldet am 16. Juni 2010 an ihrem Sitz in Worms Insolvenz an. Im Ostermann-Imperium fungierte der Verein viele Jahre lang als Generalmieter vor allem von Senioreneinrichtungen, die er an die Pro Seniore-Gruppe weitervermietete. Von der DSK-Insolvenz sind mindestens 40 Immobilien betroffen, darunter auch die aus den Berliner Fonds, die unterdessen von der Berliner Immobilien Holding (BIH) verwaltet werden. Ursache für den wirtschaftlichen Zusammenbruch der einstigen Keimzelle des Ostermann-Konzerns sollen Mietschulden in mindestens zweistelliger Millionenhöhe sein. Der Wormser Insolvenzverwalter Christofer Hecht konnte Anfang 2010 noch keine Angaben zu dem Verfahren machen. Es seien »aufwändige« Recherchen erforderlich, um einen genauen Überblick zu erhalten. Frühestens im zweiten Quartal 2011 können die aufgebrachten Gläubiger mit ersten konkreten Zahlen rechnen.

## Ostermann – der Mäzen

Hartmut Ostermann kann auch großzügig sein – vor allem, wenn kein Finanzbeamter in der Nähe ist. Sehr gern investiert er in sein Image als Mäzen. So war er Sponsor der Wohltätigkeitsgala *Benefice for Life* im Merziger Zeltpalast am 6. November 2004 zugunsten der Kinderschutzstiftung *Hänsel und Gretel*. Tagesschausprecher Jan Hofer als Moderator, unter den Gästen CDU-Ministerpräsident Peter Müller mit Ehefrau Astrid Gercke-Müller, der Keramikproduzent Wendelin von Boch-Galhau nebst Gattin und weitere 400 Gäste, die immerhin 150 Euro

Eintritt pro Person zahlen. Die Saarbrücker Zeitung bejubelt die »Großzügigkeit« der Festgesellschaft als »überraschend, schier märchenhaft, gerade in wirtschaftlich schwierigen Zeiten«. Bei der Versteigerung »luxuriöser Reisen und Produkte«, schwärmt das Blatt vom Hofe, seien »weit über 20 000 Euro für den guten Zweck« zusammengekommen. Zwischendurch gibt es »Gänseleber-Tranchen mit Feigengelee, Zander mit Thymianlinsen, Lamm mit Bohnen und Polenta sowie Schokoladenparfait mit Ananas-Mango-Kompott«. Die letzten Gäste »gingen im Morgengrauen, nicht ohne sich auch hier für den guten Zweck zu engagieren«. Diese »Unentwegten« kaufen am Ende sogar »Stoffbären«, »die Tischdekoration« und »Keramiklebkuchenhäuser« für die Stiftung Hänsel und Gretel. Hätte jeder die 150 Euro direkt gespendet, wären es 60 000 Euro geworden.

Kulinarische Höchstleistungen waren zu erwarten, als Hotelier Hartmut Ostermann am 25. Januar 2006 in sein Nobel-Domizil *Schloss Berg* im nördlichen Saarland einlädt. Hotel-Küchenchef Christian Bau hatte den dritten Michelin-Stern erkocht. Anlass, »den Aufstieg in den Genuss-Olymp« mit einem »kleinen, aber feinen Kreis in seinem verschneiten Gastro-Schloss« (Saarbrücker Zeitung) zu feiern. Mit dabei Ministerpräsident Peter Müller und Staatsminister Karl Rauber. Der Chef der Staatskanzlei, laut Saarbrücker Zeitung ein »bekannter CDU-Gourmet«, schlemmt »ebenso begeistert wie Ex-Ministerpräsident Reinhard Klimmt, SPD, und der Spitzen-Liberale Christoph Hartmann«. Dem Blatt fällt allerdings auf: »Nur Grünen-Chef Hubert Ulrich samt Gattin äußerte immer mal wieder Sonderwünsche beim Menü, wahrscheinlich, weil keine Körner-Kost auf der Karte war.«

Im Juli 2006 lädt Steuermuffel Hartmut Ostermann zur Abwechslung mal in sein Saarbrücker Hotel Victor's ein. Noch immer wird die Topwertung für Spitzenkoch Bau gefeiert. Der FDP-Mann ist beim Ministerpräsidenten im Wort: Für jeden

Michelin-Stern sollen 10 000 Euro an *Mus-e* fließen. Peter Müllers Frau ist Schirmherrin dieses multikulturellen Schulprojektes und freut sich über 30 000 Euro. Die Saarbrücker Zeitung lobt den Unternehmer für »die Pünktlichkeit« der Zahlung. Von solcher Terminpräzision wären gewiss auch die saarländischen Finanzbeamten angetan gewesen.

Ende Oktober 2009, zwei Monate nach der Landtagswahl im Saarland, wird ein neuer Fall von Großzügigkeit aus dem Reich des Hartmut Ostermann bekannt. Diesmal geht es direkt um Politik. Die Stuttgarter Sonntagszeitung *Sonntag Aktuell* und Der Spiegel berichten, zwischen dem saarländischen Grünen-Landesvorsitzenden Hubert Ulrich und dem Liberalen Ostermann gebe es nicht nur politisch, sondern auch beruflich eine enge Beziehung. Und die kam so zustande: Nachdem Ulrich wegen der Dienstwagenaffäre Anfang 1999 sein Amt als Landesvorsitzender abgab und zur Landtagswahl im September 1999 nicht mehr antreten konnte, suchte er eine neue ökonomische Existenz außerhalb der Politik. Er fand sie zunächst bei der Firma ENCOM, dem IT-Unternehmen eines Parteifreundes in seiner Heimatstadt Saarlouis. Bei einem Promitreffen Anfang 1999 anlässlich eines Konzerts von Justus Frantz in Saarbrücken lernte Hubert Ulrich Karl-Theodor Elig kennen, ebenfalls einen IT-Spezialisten. Der damals noch amtierende SPD-Ministerpräsident Reinhard Klimmt stellte die beiden einander vor. Man kam ins Gespräch, verstand sich gut und zwei Jahre später warb Elig, Geschäftsführer der Firma think & solve, den Grünen bei ENCOM ab. Im Mai 2001 startet Ulrich bei think & solve als Marketingleiter mit einem Jahres-Fixgehalt von rund 56 000 Euro plus Umsatzbonus. In dieser Funktion arbeitete er bis Oktober 2002, dann kehrte er zurück in die Politik und wurde Bundestagsabgeordneter. Ulrich stieg aber nicht ganz bei think & solve aus. Als Elig ihm eine Teilzeitstelle anbot, sagte der Grüne zu. Es komme ihm entgegen, »einen Fuß im Beruf zu halten«. Er fände es nicht gut, wenn »Politiker nur losgelöst vom Berufsleben Politik machen«, sagte er später im Untersuchungsausschuss, der herausfinden soll, ob bei der Bildung der Jamaika-Koalition Korruption im Spiel war. Für den Nebenjob bekam Ulrich 1500 Euro brutto im Monat zusätzlich zu seiner Diät als Bundestagsabgeordneter in Höhe von etwa 6 800 Euro plus 3 500 Euro Kostenpauschale.

Die Oppositionsfraktionen werfen Ulrich vor, er habe für sein Teilzeitgehalt in der IT-Firma so gut wie nichts tun müssen. Der Grüne und sein Ex-Arbeitgeber Elig bestreiten dies. Konkrete Beispiele für Ulrichs Arbeitseinsatz fallen ihnen freilich kaum ein. Bis auf ein sehr verräterisches. Ulrich war bei think & solve unter anderem für die Pressearbeit zuständig, ein äußerst erstaunlicher Einsatzbereich für einen im Land bekannten Politiker. Im Untersuchungsausschuss kommt es zu einer Selbstentlarvung der besonderen Art, als der Grüne seinen Einsatz als PR-Mann schildert. Er habe zum Beispiel »über ein ganzes Jahr« einen Wirtschaftsredakteur der Saarbrücker Zeitung »immer wieder verfolgt (…) um eine Berichterstattung über think & solve hinzubekommen«. Lobbyist Ulrich: »Nach einem Jahr erschien dann auch endlich mal ein Artikel. Daran können Sie ermessen, wie schwer manchmal Pressearbeit sein kann.« Im Beitrag derselben Zeitung über Ulrichs Auftritt im Untersuchungsausschuss findet sich darüber übrigens kein Wort.

Seinen Job bei think & solve behielt Ulrich auch, als er 2004 dem Bundestag den Rücken kehrte und nach dem Wiedereinzug der Grünen in den saarländischen Landtag erneut Fraktionsvorsitzender wurde. Landesvorsitzender war er bereits seit Mai 2002 wieder. Seine Mitarbeit in dem Unternehmen endete erst, als im Oktober 2009 bekannt wurde, dass Hartmut Ostermann mit 25 Prozent an der IT-Firma beteiligt ist, und diese auch Aufträge von Betrieben seines Konzerns erhält. Im Landtags- und Bundestagshandbuch hat Ulrich zwar seine Mitarbeit bei think & solve angegeben, hielt es aber offenbar nicht für wichtig, die

Beteiligung des FDP-Politikers an dem Unternehmen mitzuteilen. Dabei ist Transparenz eines der Leitmotive seiner Partei. Er informiert die eigene Partei und die Öffentlichkeit auch nicht darüber, als er bei den Sondierungsgesprächen und anschließenden Koalitionsverhandlungen auf seinen Quasi-Arbeitgeber Ostermann stößt, der zur FDP-Delegation gehört. Und er erwähnt die pikante Geschichte mit keiner Silbe beim Grünen-Landesparteitag am 11. Oktober 2009, bei dem er ein flammendes Plädoyer für eine schwarz-gelb-grüne Koalition hält.

Die Grünen erfahren erst aus den Medien von dem speziellen Verhältnis zwischen Ulrich und Ostermann. Immerhin verdiente der Frontmann der Saar-Grünen bei der IT-Firma hochgerechnet insgesamt mehr als 235 000 Euro brutto. Massive Zweifel an seiner Unabhängigkeit werden laut. Nun erscheint die überraschende Entscheidung für eine Jamaika-Koalition, von Ulrich forciert, in einem ganz anderen Licht. Mit Sicherheit wären auf dem Parteitag kritische Anmerkungen laut geworden. Gewiss hätte es viele Delegierte interessiert, ob es noch mehr Verquickungen gibt.

Nach dem Bekanntwerden der finanziellen Beteiligung des FDP-Koalitionärs Ostermann an think & solve taucht auch sofort die Frage nach Parteispenden des Unternehmers an die Grünen auf. Ulrich schweigt und tut auch gegenüber der eigenen Partei so, als wisse er selber nichts Genaues.

## Eklat im Rechtsausschuss

Die aufkommenden Spekulationen über das Zustandekommen der Jamaika-Koalition werden nach einem Eklat bei einer nichtöffentlichen Sitzung des Rechtsausschusses im Landtag am 10. Dezember 2009 weiter angefacht. Dort räumt die Justiz überraschend ein, im Oktober 2009, noch während der Koalitionsverhandlungen von CDU, FDP und Grünen, seien fünf Ermittlungsverfahren wegen möglicher Steuerdelikte gegen Hartmut Ostermann eingestellt worden. Nun stehen die Oppositionsfraktionen von SPD und Linken endgültig auf den Zinnen. Sie sind überzeugt, dass Strippenzieher und Mauschler am Werk sind. Die SPD-Rechtsexpertin Anke Rehlinger wundert sich besonders darüber, dass CDU-Finanzminister Peter Jacoby während einer Landtagsdebatte am 18. November 2009 auf eine Frage von Oskar Lafontaine die Einstellung der Verfahren nicht bestätigt.

Im Steuerfall Ostermann dringen Informationen nur zäh nach außen. Als die Linken-Abgeordnete Heike Kugler nachhakt, seit wann die fünf Verfahren anhängig sind, gibt Ministerialrat Wolfgang Kuhl in einer Sitzung des Rechtsausschusses an, er sei »diesbezüglich nicht informiert«. Es könne sich »durchaus um Verfahren gehandelt haben, die schon länger anhängig, aber eben zu diesem Zeitpunkt einstellungsreif gewesen« seien. Eine erstaunliche Antwort, zumal das Thema im Ausschuss nicht spontan diskutiert wird, sondern auf der Tagesordnung steht. Ein Blick auf das Aktenzeichen und das Alter eines Verfahrens wäre klar gewesen.

Es stellt sich heraus: Die Fälle sind bei ihrer Einstellung nach Paragraf 170 Absatz 2 Strafprozessordnung, STPO, am 23. Oktober 2009 bereits vier bis sechs Jahre alt. Allein diese Verfahrensdauer, verursacht durch die langwierige Betriebsprüfung durch die Finanzverwaltung, ist dubios. Im Ausschuss weist Ministerialrat Kuhl jedoch den Skandalvorwurf aus den Reihen der Opposition, die politischen Einfluss vor der Wahl witterte, entschieden zurück. Seine erstaunliche Argumentation: »Gerade wenn wegen der Regierungsbildung keine Einstellung erfolgt wäre, wäre genau dies skandalös, ja eindeutig rechtswidrig gewesen. Entscheidungsreife erfordert Entscheidung und damit Einstellung.« Details über die fünf Fälle erfahren die Parlamentarier wegen des Steuergeheimnisses bei der Sitzung am 10. Dezember

2009 nicht. Einige Fakten sickerten seitdem jedoch durch. Knapp drei Wochen vor der Vereidigung des Jamaika-Kabinetts am 10. November 2009 wurden folgende Ermittlungsverfahren in Sachen Hartmut Ostermann eingestellt:

**5 Js 135/03** – u.a. wegen Verstoßes gegen das Aktiengesetz und gegen die Grundsätze ordnungsgemäßer Buchführung, Insolvenzverschleppung;

**5 Js 12/05 und 5 Js 169/02** – wegen Steuerhinterziehung, § 370 AO, und Untreue, § 266 StGB. Dabei geht es unter anderem um Scheindarlehen der Victor's AG an den 1. FC Saarbrücken. Die Darlehen werden als Betriebsausgaben anerkannt, der Verdacht, es handele sich um eine verdeckte Gewinnausschüttung, ist damit vom Tisch;

**5 Js 41/05** – wegen Verstoßes gegen die Abgabenordnung im Zusammenhang mit der Übertragung von Anteilen der Pro Seniore AG an die Victor's Health AG;

**5 Js 123/05, 5 Js 124/05, 5 Js 125/05** – u.a. wegen Steuerhinterziehung im Zusammenhang mit dem Verkauf eines Altenheimes.

Im März 2010 kommen neue Informationen über eine erstaunliche finanzielle Nähe zwischen dem FDP-Lokalhelden Hartmut Ostermann und den Saar-Grünen ans Licht und fachen die negativen Spekulationen über das Zustandekommen der Jamaika-Koalition weiter an. Aufgrund wachsenden Mediendrucks entschließt sich der Unternehmer, seine Parteispenden der letzten zehn Jahre aufzudecken. Nun bestätigt sich, dass die Ökopartei tatsächlich, wie von vielen vermutet, von dem liberalen Netzwerker finanziell massiv unterstützt wird. Allein im Wahljahr 2009 sponserte Ostermann die politische Konkurrenz mit 47 500 Euro, 2008 waren es 9 500 Euro. Mit insgesamt 57 000 Euro kassierte die Ulrich-Partei in zwei Jahren von dem Pflegeheimbetreiber fast doppelt so viel wie die Saar-SPD (30 000 Euro) in zehn Jahren. Es ist die größte Einzelspende in der dreißigjährigen

Geschichte der saarländischen Grünen. Die Christdemokraten bedenkt der Liberale in diesem Zeitraum mit 44 500 Euro. Seiner eigenen Partei steckt Ostermann 369 000 Euro zu. Im Untersuchungsausschuss über die Regierungsbildung werden die Abgeordneten monatelang durch die hartnäckige Verweigerungshaltung Ostermanns in ihrem Aufklärungsbemühen blockiert. Der FDP-Politiker lehnt unter Hinweis auf das Steuergeheimnis die Herausgabe seiner Steuerakten an das parlamentarische Gremium ab. CDU-Finanzminister Peter Jacoby scheint derweil als verlängerter Arm der Konzernpressestelle der Ostermann-Gruppe zu agieren. Am 28. August 2010 erscheint auf der landespolitischen Seite der Saarbrücker Zeitung ein Aufmacher mit der Schlagzeile: »Es gab keine Steuerrückstände«. Der Finanzminister bescheinigt Ostermann, »sämtliche Forderungen beglichen zu haben«. In einer Presseerklärung beruft sich die Behörde bei dieser Persilscheinaktion darauf, das zuständige Finanzamt sei »von der Wahrung des Steuergeheimnisses entbunden« worden. Der Finanzminister beeilt sich zu erklären, es habe »im Zusammenhang mit den Besteuerungsverfahren« gegen Ostermann »keinerlei Vereinbarungen«, sprich Absprachen, gegeben. Die Finanzämter handelten, als sei dies etwas Besonderes, »ausschließlich auf der Grundlage der Steuergesetze«. Es habe auch keine Steuerrückstände in Höhe von 60 Millionen Euro gegeben, wie gelegentlich spekuliert wurde. Die viel interessantere Frage, wie hoch die Steuernachforderungen nach den Betriebsprüfungen taxiert wurden und wie viel Ostermann im Herbst 2009 tatsächlich bezahlen musste, wird in der peinlichen PR-Aktion des Finanzministeriums zugunsten eines Angehörigen des Koalitionsausschusses mit keiner Silbe thematisiert.

Am 31. August 2010 löst der Verfassungsgerichtshof des Saarlandes die Abwehrkette des Fußballsponsors auf. Die Richter ordnen an, dass sieben Leitz-Ordner mit Steuerunterlagen im Fall Ostermann dem Untersuchungsausschuss zur Einsichtnahme vorgelegt werden müssen – allerdings unter strengen Auflagen der Vertraulichkeit. Ostermann habe gegenüber dem Gericht »in keiner Weise konkretisiert, inwieweit eigene personenbezogene steuerliche Daten durch die überlassenen Akten verfassungswidrig offenbart würden«. Im Übrigen gestehen die Verfassungsrichter den Parlamentariern ausdrücklich das Recht zu, Vorgänge zu beleuchten, »die die Beurteilung der Plausibilität der Einstellung von steuerstrafrechtlichen Ermittlungsverfahren im zeitlichen Zusammenhang mit der Mitwirkung des Steuerschuldners an einer Regierungsbildung erlauben«. Eine erste herbe Niederlage für Hartmut Ostermann.

---

*»Für uns steht fest: Die Jamaika-Koalition wurde zusammengekauft und ist nicht auf demokratisch legitimierte Weise zustande gekommen.«*

---

Wesentlich leichter werden die Aufklärungsbemühungen der Parlamentarier dadurch jedoch nicht. Die Auswertung der Steuerakten ist äußerst umständlich und wird akribisch überwacht: Die Abgeordneten dürfen keinerlei Kopien anfertigen, sondern müssen sich mit handschriftlichen Notizen begnügen. Der Untersuchungsausschuss kommt deshalb nur sehr schleppend voran. Die Causa Ostermann wird den saarländischen Landtag wohl bis weit ins Jahr 2011 beschäftigen. Der christdemokratische Ausschussvorsitzende Roland Theis lässt keinen Zweifel daran, wie er seine Aufgabe versteht – als Beschützer der Koalition. Den Verdacht, Jamaika sei gekauft – den insbesondere Linken-Chef Oskar Lafontaine mehrfach formulierte –, hält er für eine »Unverschämtheit«. Oskar Lafontaine hatte nach dem Bekanntwerden der Ostermannspenden verbal kräftig zugelangt:

»Für uns steht fest: Die Jamaika-Koalition wurde zusammengekauft und ist nicht auf demokratisch legitimierte Weise zustande gekommen.« Christdemokrat Theis hat es zu seinem Ziel erklärt, »diesen Vorwurf zu entkräften«.

# PANZER UND GRÜNZEUG

*Vom grünen Chaos zum »Meer der Ruhe«*

Sieben der rund zwanzig Grünen-Mitglieder in der rund 31 000 Einwohner zählenden Kleinstadt Merzig machen sich am 29. Oktober 2009 abends auf den Weg zur Parteiversammlung ins Bistro der Villa Fuchs, dem örtlichen Kulturzentrum. Die Einladung haben sie erst zwei Tage zuvor per E-Mail erhalten. Offenbar zu kurzfristig für viele Parteimitglieder. Dabei steht eine wichtige Personalentscheidung an: Wer wird der oder die dritte Delegierte für den Landesparteitag der saarländischen Grünen am 8. November 2009, auf dem darüber entschieden wird, ob es zu der innerparteilich heftig umstrittenen ersten schwarz-gelb-grünen Jamaika-Koalition in einem Bundesland kommt? Offiziell geht es um die Nachfolge eines Merziger Grünen, der wegzieht und deshalb den Ortsverein nicht mehr vertreten kann. Die beiden anderen Vertreter stehen fest, sie sind noch für ein Jahr benannt. Stefan Müller, Vorsitzender des Grünen-Kreisverbandes Merzig-Wadern und Befürworter eines rot-rot-grünen Bündnisses, ist einer der beiden. Zumindest noch um 19.30 Uhr, als die Versammlung beginnt. Eine gute halbe Stunde später ist nicht nur ein Nachfolger für den dritten Mann gefunden – sondern überraschend auch Stefan Müller abgewählt. Mit vier gegen drei Stimmen entziehen die Parteifreunde ihm die Funktion.

Einer der neugewählten Delegierten ist Klaus Borger, stellvertretender Landesvorsitzender der saarländischen Grünen und enger politischer Weggefährte von Landeschef Hubert Ulrich. Forstwirt Borger macht an diesem Abend keinen Hehl daraus, dass er die handstreichartige Aktion unerstützt: Bei dem Landesparteitag soll es ein klares Ja für Jamaika geben. Borger hat dabei wohl auch seine Karriere im Blick, er gilt als Anwärter für das Amt des Umwelt-Staatssekretärs (das er schließlich bekommt). Für die innerparteiliche Opposition ist klar: Ulrich und seine Verbündeten im Vorstand wollen die Mehrheit für den Rechtsruck unbedingt sicherstellen. Anhänger eines rot-rot-grünen Bündnisses wie Stefan Müller betrachtet der Grünen-Parteichef im Saarland als persönliche Gegner. Er will möglichst wenig dem Zufall überlassen, mag keine Überraschungen, schon gar keine politischen. Und erst recht keine, die seiner Karriere schaden könnten. Deshalb ist Ulrich in den Tagen vor diesem wichtigen Parteitag rastlos unterwegs. Manche Delegierte, die er als Jamaika-Gegner geortet hat, werden telefonisch unter Druck gesetzt, das Projekt nicht zu gefährden. Etwa Brunhilde Wagner aus dem Kreisverband Merzig-Wadern: Zwei Tage vor dem Parteitag meldet sich Ulrich bei ihr und wettert gegen eine rot-rot-grüne Allianz. Er kann Brunhilde Wagner jedoch nicht umstimmen, sie votiert gegen Jamaika:»Weil wir im Wahlkampf versprochen haben, CDU-Ministerpräsident Peter Müller abzulösen.« Sie hält Ulrichs Wendemanöver für »einen klaren Wortbruch« – und tritt, obwohl sie sich »noch immer als Grüne« empfindet, aus Protest gegen die Jamaika-Clique aus. Stefan Müller bleibt zwar bei den Grünen, gibt aber im September 2010 das Amt des Kreisvorsitzenden zurück: wegen »politischer und menschlicher Entfremdung«.

Selbst einen Verstoß gegen die Parteisatzung nimmt Borger in Kauf, um Stefan Müller als stimmberechtigten Teilnehmer vom Parteitag im November 2009 fernzuhalten. Der wehrt sich und ficht die Beschlüsse des Merziger Mitgliedertreffens noch vor der Delegiertenkonferenz am 8. November beim Landesschiedsgericht der Grünen an – mit Erfolg. Seine Begründung: Die Einladung verletze die Statuten der Partei. In denen ist festgelegt:»Die Mitgliederversammlung ist mit den anwesenden Mitgliedern des Stadtverbandes beschlussfähig, wenn die Einladung schriftlich, mit Angabe der Tagesordnung, drei Tage vorher (Poststempel) ergangen ist.« Die Einladung kommt aber erst zwei Tage vorher per E-Mail, also zu knapp und zudem mit dem falschen Medium, denn nicht alle haben eine E-Mail-Adresse. Ein Satzungsverstoß mit potenziell weitreichenden Folgen – eine Anfechtung der Parteitagsbeschlüsse wegen nicht korrekter Zusammensetzung der Delegierten hätte durchaus Erfolgschancen. Weil Ulrich-Freund Borger dies weiß, interveniert er ein zweites Mal und stoppt das selbst angeschobene Personenkarussell jäh: Der Stadtverband schickt seine drei Delegierten sicherheitshalber nicht zum Parteitag. Eine absurde Konstellation: Am Ende ist die Merziger Basis, von Borger und Ulrich auf Jamaika-Kurs getrimmt, wegen der eigenen Tricksereien gar nicht auf dem Parteitag repräsentiert.

Seitdem zwei Wochen vorher durch Berichte der Stuttgarter Wochenzeitung Sonntag Aktuell und des Nachrichtenmagazins Der Spiegel eine für ihn äußerst unangenehme Geschichte hochkam, ist Ulrichs Angst vor rot-rot-grünen Querschlägern auf dem Parteitag rapide gewachsen. Der gelernte Wirtschaftsingenieur Ulrich sitzt bei den Koalitionsgesprächen mit seinem Quasi-Arbeitgeber Hartmut Ostermann an einem Tisch, dessen IT-Firma think & solve ihm weit mehr als 200 000 Euro gezahlt hat. Ulrich kann in der pikanten Konstellation nichts Fragwürdiges erkennen. Einen klassischen Fall von Befangenheit sehen nur die anderen. Als die Delegierten des Landesparteitages der saarländischen Grünen am 11. Oktober 2009 mit knapp 80 Prozent der Stimmen seinem flammendem Plädoyer für die Aufnahme von Koalitionsverhandlungen mit CDU und FDP und eine schwarz-gelb-grüne Jamaika-Koalition folgen, klärt ihr Vormann sie jedenfalls nicht über seine wirtschaftliche Verflechtung auf.

## Opposition: Korruption vor der Wahl?

Obwohl er die Delegierten mit Hilfe des ihm ergebenen Parteivorstandes in Dutzenden von Einzelgesprächen auf Jamaika-Kurs getrimmt hat, erklärt Ulrich die Basisvertreter, die er bei wichtigen Abstimmungen oft wie ein Hirtenhund umrundet, der ausbrechende Schafe zurücktreibt, nach dem Parteitag plötzlich zum absolut autonomen politischen Wesen: »Die Entscheidung über Jamaika, um das hier klar noch einmal zu sagen, habe nicht ich getroffen. Die hat ein Parteitag getroffen, die haben wir alle getroffen, in geheimer, freier Wahl. Mit achtzig Prozent Mehrheit. Diese Partei ist nicht käuflich.« Weil er unter öffentlichem Rechtfertigungsdruck steht, versteckt sich der autokratische Grünen-Vorsitzende nun hinter der Basis, die er sonst – gar nicht zimperlich – vor sich her treibt. Dabei beschreibt er nicht einmal den formalen Ablauf korrekt. Denn in »geheimer, freier Wahl« haben die Delegierten lediglich über die Aufnahme der Koalitionsverhandlungen entschieden. Über den wesentlich wichtigeren Schritt, das Ergebnis, müssen sie nach dem Wunsch des Vorstandes einen Monat später offen abstimmen, was den psychologischen Druck auf rot-rot-grüne Abweichler erhöhte.

Vier Monate nach dem Regierungsantritt der schwarz-gelbgrünen Koalition gerät Ulrich zumindest kurzfristig in eine prekäre Lage, nachdem sich – nicht überraschend – die Vermutung bestätigt, dass die Grünen vor der Wahl 2009 Geld vom FDP-

Unternehmer Ostermann bekommen hatten. Unter dem Druck der Medien veröffentlicht der Liberale Anfang März 2010 alle finanziellen Zuwendungen, die er in den zehn Jahren zuvor an die Saar-Parteien geleistet hat. Hubert Ulrich räumt ein, die Grünen hätten Ostermanns Unternehmen Victor's sogar um Spenden gebeten. Der Landesvorstand habe bereits 2003 beschlossen, »aktiv Spenden für seine politische Arbeit einzuwerben«. Ulrich: »In diesem Zusammenhang habe ich mit entsprechendem Auftrag des Landesvorstandes in den Folgejahren zahlreiche Gespräche mit unterschiedlichen potenziellen Spendern geführt. Genaue Daten sind mir nicht mehr bekannt.« Im Übrigen gebe es »neben dem Datenschutz auch einen Vertrauensschutz gegenüber Spendern«. Schließlich sei es »auch in anderen Parteien nicht üblich, dass der Landesvorstand zu jeder Zeit über Spender sowie deren Spenden berichtet«. Zugleich weist die Parteispitze den Vorwurf der Käuflichkeit strikt zurück: »Dieser würde im Umkehrschluss in gleichem Umfang für alle anderen Parteien gelten, die entsprechend Spenden einnehmen.« Weder sei »eine Gegenleistung für irgendeine Spende angeboten« worden, »noch wurde eine Erwartungshaltung dahingehend geweckt«. Der Landesvorstand droht sogar damit, »derartige Vorwürfe – für die es keinen haltbaren Beleg oder Beweis gibt – juristisch zu verfolgen«. Dies gelte insbesondere für den »unerhörten Vorwurf der Korruption, der von der Opposition bewusst in den Raum gestellt wurde, um uns gezielt zu diskreditieren«. Dabei räumen auch Berliner Grüne ein, die Ostermann-Zahlung sei ungewöhnlich hoch. Es handele sich um eine der größten Spenden, die je an einen Grünen-Landesverband geflossen sei.

Ulrich aber hatte sich auf dem entscheidenden Parteitag am 8. November 2009 zur Spendenfrage äußerst kryptisch geäußert und damit weitere Spekulationen befördert: »Es gibt seit ein paar Wochen, ebenfalls durch unsere Freunde von der SPD in die Welt gesetzt, so eine Art Spendendiskussion, man versucht uns da irgendwie in ein schräges Licht zu rücken, indem man das Bild aufbaut, wir verheimlichen was (...) Bei uns hier im Landesverband gibt es nichts zu verheimlichen. Wir sind da völlig transparent (...) Also wir haben hier bei uns die vollkommene Transparenz, wir haben nichts zu verstecken. Der Versuch, uns in die Kohlsche Ecke zu stellen, die nennen nicht die Spender, wird schief gehen. Auch das wird nicht so sein, da muss ich leider Gottes alle Büchsenspanner recht herzlich enttäuschen (...) Diese Unterstellungen weise ich mit Entschiedenheit zurück.« Der Grünen-Vorsitzende berief sich am 8. November noch auf gesetzliche Regelungen:»Eine Spende bis 10 000 Euro muss in der Summe ausgewiesen werden im Rechenschaftsbericht. Aber es darf nicht gesagt werden, von wem die kommt, es sei denn, der oder die Betroffene ist damit einverstanden. Das können wir aber nicht entscheiden.« Was Ulrich nicht erwähnte: Zuwendungen von 10 000 bis 50 000 Euro müssen im Rechenschaftsbericht mit dem Spendernamen veröffentlicht werden. Die Rechenschaftsberichte erscheinen jedoch erst im übernächsten Jahr nach dem Transfer. Ulrich hätte die Ostermann-Wohltat für die Grünen vor der Abstimmung nach Einschätzung von Juristen durchaus konkret benennen können, sie musste ja ohnehin bekannt gegeben werden. Aber er spielte auf Zeit. Die hätte er nicht gehabt, wenn der FDP-Unternehmer nur 2 500 Euro mehr spendiert hätte – Zuwendungen ab 50 000 Euro müssen unmittelbar nach dem Eingang beim Empfänger dem Bundestagspräsidenten gemeldet werden, der sie dann umgehend veröffentlicht. Genau dieser schnelle Weg sollte vermieden werden.

Die Mitglieder der saarländischen Landespressekonferenz, LPK, verleihen im Dezember 2010 Hubert Ulrich wegen seiner Heimlichtuerei eine »Kröte«. Der Grüne habe im Zusammenhang mit der Ostermann-Spende »beharrlich Auskünfte verweigert und berechtigte Fragen von Journalisten als Verhörmethoden diskreditiert«. In Empfang genommen wird der

Negativ-Preis von der Grünen-Landtagsabgeordneten Claudia Willger-Lambert. Ulrich ist angeblich in Berlin unterwegs.

Die Spendenaffäre offenbart nicht nur die ebenso erstaunliche wie fragwürdige Großzügigkeit des Unternehmers Ostermann gegenüber den Grünen. Sie belegt auch die ausgeprägt konservative Rollenverteilung im Landesvorstand der Partei. Hubert Ulrich informiert nicht einmal seine Co-Vorsitzende Claudia Willger-Lambert über den für die Saar-Grünen spektakulären Geldfluss. Sie beteuert öffentlich, sie habe erst im Februar 2010 von den Ostermann-Spenden erfahren. Die Grüne verweist auf eine Arbeitsteilung im Vorstand. Dort kümmere sich Hubert Ulrich um die Spendenbeschaffung, Willger-Lambert: »Ich kann das nicht.« Dass der grüne Patriarch sie derart vorführt, macht der auf Frauenthemen spezialisierten Juristin offenbar kaum zu schaffen. Auch an der Basis löst ihr politischer Offenbarungseid nur ein schwaches kritisches Echo aus. Auf dem weitgehend diskussionsfreien Landesparteitag der Grünen am 30. Mai 2010 in Heusweiler, bei dem Willger-Lambert und Ulrich wieder für die Vorsitzendenpositionen antreten, stellt lediglich ein Delegierter eine kritische Frage zu dem naiven Auftritt der Spitzen-Grünen. Sie erreicht mit einem Stimmenanteil von 87,9 Prozent sogar ein besseres Ergebnis als Ulrich, für den 80,5 Prozent votieren. An seinem entscheidenden Einfluss als Partei-Lenker ändert dies freilich nichts. Innerparteiliche Auseinandersetzungen, früher Markenzeichen gerade der Grünen an der Saar, sind nun eindeutig unerwünscht. Die *Regieros* genießen ihre kleine Macht – die ihnen die bisherigen politischen Widersacher von CDU und FDP unter Missachtung eigener substantieller Positionen gerne angetragen hatten, nur um weiter mitspielen zu können. Noch kurz nach der Landtagswahl im August 2009 hätten viele Grünen-Anhänger dies eher als politische Realsatire denn als Regierungsalternative wahrgenommen.

Aber das Lachen ist vielen in der Partei längst vergangen. Kritiker der Führungsclique müssen mit Abstrafung rechnen. Etwa Thomas Brück, Vorsitzender der Grünen-Fraktion im Saarbrücker Stadtrat. Der hatte Hubert Ulrich nach Bekanntwerden der Ostermann-Spenden öffentlich scharf kritisiert: »Wer Geld gibt, erwartet irgendwann auch eine Dividende.« Brück monierte vor allem »fehlende Transparenz und Offenheit«. Spätestens auf dem Parteitag, der die Entscheidung für die Jamaika-Koalition traf, hätte Ulrich die Partei über die finanziellen Zuwendungen des FDP-Politikers aufklären müssen. Als aus Brücks Saarbrücker Kreisverband auch noch die Forderung kam, die Spenden zurückzuzahlen, folgte die Reaktion der Ulrich-Anhänger prompt. In einer gemeinsamen Erklärung stellten sich 39 von 48 Grünen-Ortsverbänden demonstrativ hinter den Landesvorsitzenden. Sie rügten Brück und den Saarbrücker Ortsverbandssprecher Guido Vogel-Latz scharf. Deren »Art und Weise des Umgangs« sei »nicht repräsentativ« für die saarländischen Grünen. Wenige Wochen später wurde Brück als Vorsitzender des Kreisverbandes Saarbrücken abgewählt und durch eine Jamaika-Anhängerin ersetzt. Sein Amt als Fraktionsvorsitzender behielt er. Journalisten, die über die Parteiversammlung berichten wollten, wurden nach einer Intervention von Stephan Körner, Staatssekretär im Bildungsministerium, nicht zugelassen. Der Ulrich-Verbündete wies Kritik daran zurück. Es müsse möglich sein, dass die Partei unter sich diskutiere. Brück bewertete den Vorgang dagegen als »bewussten Akt, innerparteiliche Kritiker an der momentanen Landespolitik mundtot zu machen«.

# Zäher Start

Dreißig Jahre brauchen die saarländischen Grünen, um dort anzukommen, wo ihre Parteifreunde in Hessen bereits vierundzwanzig Jahre früher waren: in der Landesregierung. Die Ökopartei im Saarland hat es schwer, Anhänger in einer katholisch geprägten Region zu finden, in der bis weit in die Neunzigerjahre des letzten Jahrhunderts ein Großteil der Arbeiter und Angestellten in Kohlegruben, Hütten- und Stahlwerken und deren Zulieferbetrieben beschäftigt waren. Die Malocher im deutschfranzösischen Grenzland galten jahrzehntelang nicht als experimentierfreudig. Bis Mitte der Achtzigerjahre wählen sie die CDU. Zuerst mit dem patriarchalischen Ministerpräsidenten Franz-Josef Röder, einem Mann mit Nazi-Vergangenheit, an der Spitze von 1959 bis 1979, dann, von 1979 bis 1984, mit dessen Nachfolger Werner Zeyer, einem trockenen Bürokraten, den selbst Parteifreunde als fleischgewordene Langeweile empfanden. Christdemokrat Zeyer trieb viele Wähler zur SPD. Denn die hatte damals das absolute Kontrastprogramm zu bieten: den quirligen SPD-Lokalmatador Oskar Lafontaine, der für »Sesselfurzer« nur Spott und Hohn übrig hat. Der SPD-Linke schaffte mit der absoluten Mehrheit bei der Landtagswahl 1985 eine politische Sensation. In den folgenden fünfzehn Jahren dominierte Oskar Lafontaine nicht nur die Landespolitik, sondern ab Mitte der Neunzigerjahre nach der Entmachtung des Vorsitzenden Rudolf Scharping auch die Bundes-SPD, die er gemeinsam mit seinem alten Konkurrenten Gerhard Schröder im September 1998 schließlich zu einem triumphalen Erfolg bei der Bundestagswahl führte. So sehr ihn die Saar-Sozialdemokraten bis dahin geradezu hymnisch verehrten, so wütend sind sie auf ihn, als er nur wenige Monate nach Bildung der rot-grünen Bundesregierung sein Amt als Bundesfinanzminister aus Protest gegen die aus seiner Sicht unsoziale Politik von Bundeskanzler

Gerhard Schröder hinschmeißt und sich erstmal ins Privatleben verabschiedet. Im September 1999 erringt die Union mit ihrem Spitzenmann Peter Müller knapp die absolute Mehrheit, die sie zehn Jahre verteidigt. Die Grünen können sich nur schwer zwischen diesen beiden politischen Blöcken behaupten. Sie bleiben auf Landesebene stets unter 6 Prozent, auch dann, wenn im Rest der Republik die Partei im Aufwind segelt und die alten Volksparteien, voran die SPD, immer öfter Bruchlandungen verkraften müssen. Erst 1994, fünfzehn Jahre nach Parteigründung, schafften es die Alternativen im Grenzland mit mageren 5,5 Prozent erstmals in den Landtag – elf Jahre zuvor gelang der Bundespartei dagegen schon der Sprung in den Bonner Bundestag. Nur bei drei der sieben Landtagswahlen seit Gründung der Saar-Grünen gelingt ihnen der Einzug ins saarländische Parlament – bei drei Abstimmungen schaffen sie nicht einmal 3 Prozent. Auch bei der Landtagswahl im August 2009 erzielen die Grünen im Saarland mit 5,9 Prozent wieder ein schwaches Resultat – immerhin ihr bis dahin bestes.

Von Anfang an sind die Pragmatiker bei den Grünen im Saarland stark, gemessen etwa an Hessen oder an Großstädten wie Hamburg und Berlin, wo eher die Linken dominieren. Das wird schon bei der Gründung deutlich. Am 7. Dezember 1979 berichtet die Saarbrücker Zeitung unter der Überschrift »Ökologische Interessen vertreten« über die Bildung eines Grünen Kreisverbandes in Saarbrücken. Ein »relativ kleiner Personenkreis« trifft sich, »um die vier Maximen der Partei politisch in die Öffentlichkeit zu tragen: ökologisch, sozial, basisdemokratisch und gewaltfrei«. Themen sind das Atomkraftwerk Cattenom, der Saar-Kanal und der geplante Bau eines Bleiwerkes bei Saargemünd. Die Runde unter Leitung des ersten saarländischen Grünen-Landesvorsitzenden Wilfried Osterkamp ist sich einig im Vorrang der »Erhaltung der natürlichen Lebensgrundlagen«. Die parlamentarische Arbeit sei ein Mittel, »den Lebensschutz zu verwirklichen«. Bereits wenige Tage zuvor, am 26. November 1979, ist im Lokalblatt die Schlagzeile zu lesen:»Abgrenzung gegen rote und alternative Listen vollzogen – die Grünen Saar sind nicht zu Kompromissen bereit«. Die Ökologen distanzieren sich früh von kommunistischen Gruppen und alternativen Listen, deren Dogmatismus sie ablehnen. Bei ihrem ersten Landesparteitag am 24. November 1979 in der Saarbrücker ATSV-Halle zieht die Ökopartei mit ihren rund sechzig Mitgliedern einen Schlussstrich unter die Diskussion, ob eine Doppelmitgliedschaft bei den Grünen und anderen Parteien und Gruppierungen erlaubt sei.

*»Wir nehmen nur Leute auf, die – woher sie auch immer kommen – ökologisch geworden sind.«*

Grünen-Vorsitzender Wilfried Osterkamp:»Wir nehmen nur Leute auf, die – woher sie auch immer kommen – ökologisch geworden sind.« Darauf ist der Mann der ersten Stunde noch dreißig Jahre später stolz, als er – grüne Hose, schwarze Socken, gelbe Wildlederschuhe – im Sommer 2010 bei der mit mehr als halbjähriger Verspätung angesetzten Jubiläumsfete anlässlich des 30. Geburtstages des saarländischen Grünen-Landesverbandes zurückblickt:»Ich habe damals schon auf Bundesebene als Realo-Konservativer gegolten, es gab drei Parteiausschlussverfahren, die ich alle überstanden habe.« In den Folgejahren stoßen ähnlich staatstragend Gesinnte zu dem lange Zeit winzigen Landesverband. Etwa Josef Dörr. Bevor er zu den Grünen wechselt, ist er rund zwanzig Jahre aktives CDU-Mitglied. 1979 gründet er die Christlich Soziale Wählerunion, CSWU, im Saarland. Es ist die Zeit, als Franz-Josef Strauß im Konflikt mit der Schwesterpartei CDU die bundesweite Ausdehnung seiner CSU ankündigt – aber nicht vollzieht. Erst als Strauß, jahrzehntelang zentrale Feindfigur der westdeutschen Linken, die Expansionspläne offiziell begräbt, löst Josef Dörr die

CSWU im Sommer 1984 auf und wird einige Monate später Mitglied bei den Grünen. Dort gewinnt er schnell Einfluss und zieht im Lager von Hubert Ulrich die Strippen im Landesverband, jahrelang als Landesschatzmeister, einer wichtigen strategischen Position. Kritiker, die aus dem linken Spektrum zu den Grünen stoßen, werfen dem Parteivorstand damals vor, er schüre die Angst vor Kommunisten. Ob eine gegen die Alternativbewegung abgegrenzte Partei die Fünf-Prozent-Hürde nehmen könne, bezweifeln die Parteilinken. Dabei bekommen die Saar-Grünen bundesweit gleich zu Beginn einen mächtigen Aufmerksamkeitsschub. Weil die Ökologen beim Gründungsparteitag am 13. Januar 1980 in Karlsruhe zu wenig Zeit für die Verabschiedung des ersten Parteiprogramms haben, vertagen sie sich auf den März desselben Jahres in Saarbrücken. Dort wird das *Saarbrücker Programm* beschlossen, das immerhin bis 2002 Bestand hat. Ein historisches Ereignis für die neue Partei. Aber an der Saar kann sie den Schwung des Aufbruchs zunächst nur auf kommunaler Ebene in bescheidene Erfolge umsetzen. Kurzfristige bundesweite Aufmerksamkeit erregt die 2001 etablierte erste schwarzgrüne Koalition auf kommunaler Ebene in der Landeshauptstadt Saarbrücken. Die hält allerdings nur zwei Jahre. Grund für das Scheitern: Die CDU vertritt in der Landeshauptstadt bald wieder Beton-Positionen, etwa zum städtischen Haushalt und zu lokalen Umweltprojekten, die für die Grünen nicht akzeptabel sind. So überrascht es nicht, dass sich in der Universitätsstadt, wo die Grünen meist ihre besten Ergebnisse landesweit erzielen, zehn Jahre später die erbittertsten Jamaika-Gegner zu Wort melden. Während Hubert Ulrich im Landtag die Allianz mit Christdemokraten und Liberalen klar macht, einigen sich im Saarbrücker Rathaus Sozialdemokraten, Linke und Grüne auf ein kommunales rot-rot-grünes Bündnis.

## Lafontaines Manöver gegen Grüne

Dass die saarländischen Grünen es so schwer hatten, in der Landespolitik Fuß zu fassen, hat – neben dem für die Alternativen schwer zugänglichen katholischen Arbeitermilieu – vor allem mit Oskar Lafontaine zu tun. Er besetzte ökologische Themen schon in den Siebzigerjahren. Als Bürgermeister der Landeshauptstadt Saarbrücken lässt der Sozialdemokrat 1974 das erste lokale Umweltamt in der Bundesrepublik aufbauen. In einem Porträt über den Wahlkämpfer Oskar Lafontaine, der nach dem Gewinn der absoluten Mehrheit im Saarbrücker Rathaus im Juni 1984 auch eine SPD-Alleinregierung im Landtag anstrebt, beschreibt Der Spiegel 1984 den SPD-Linken als ökologisch seiner Zeit voraus. Nachdem Lafontaine im Jahr 1976 Oberbürgermeister wurde, »sind in Saarbrücken 5000 Bäume neu angepflanzt worden, wurde mit dem früher vernachlässigten Bau von Radwegen begonnen und der Ausbau eines umweltfreundlichen Fernwärmenetzes forciert«, lobt das Nachrichtenmagazin. Als »einfallsreicher Energiesparer« habe sich Lafontaine »bereits 1979 ins Gespräch« gebracht – dem Gründungsjahr der Grünen. Zur Erstellung eines Wärme-Emissions-Katasters lässt der Oberbürgermeister städtische Häuserfronten mit einer 100 000 DM teuren Spezialkamera nach entweichender Wärme abtasten. Sein Motto: »Alle reden vom Energiesparen, wir handeln.« Und seit die Stadt ab 1981 jährlich rund eine Million D-Mark etwa für den Einbau von doppelverglasten Fenstern und die Isolierung von Außenwänden ausgibt, gelingt es laut Spiegel, »den Energieaufwand für kommunale Gebäude um ein Viertel zu senken«. Außerdem sorgt Lafontaine dafür, dass fast die Hälfte der rund zweihundert stadtwerkeeigenen Fahrzeuge auf bleifreies Benzin umgestellt wird, Neuwagen haben einen Abgaskatalysator. Für die Landtagswahl 1985 gewinnt der umtriebige Saarländer Jo Leinen als Kandidat für das Umweltministerium. Sozialdemokrat Leinen ist seit

Die Linke-Chef Oskar Lafontaine

Anfang der Achtzigerjahre bundesweit als einer der Wortführer der Antiatomkraft- und Friedensbewegung bekannt und hat als Aktivist beim Bundesverband Bürgerinitiativen Umweltschutz, BBU, gute Drähte in die Ökoszene. Der damalige Vorsitzende der Saarbrücker CDU-Stadtratsfraktion, Gerd Bauer, heute Direktor der saarländischen Landesmedienanstalt, analysiert, Lafontaine arbeite offenbar daran, die Grünen »zu überholen, um sie zu absorbieren«. Der Sozialdemokrat forciert jedoch nicht nur die Umweltpolitik, er investiert Millionen in das »Saarbrücker Programm zur Bekämpfung der Berufsnot junger Menschen« und schafft damit knapp zweihundert neue Ausbildungs- und Arbeitsplätze. Auch in der Friedens- und Ostpolitik ist es Lafontaine nach Einschätzung des Spiegels »gelungen, die Ernsthaftigkeit seines Engagements nicht in Zweifel ziehen zu lassen«. Seine Strategie, die Ökopartei überflüssig zu machen, geht an der Saar eineinhalb Jahrzehnte lang auf – und spielt gewiss auch bei der Entscheidung der Grünen für die Jamaika-Koalition im Herbst

2009 zumindest psychologisch noch eine Rolle. Wa
gessen haben: Bereits im September 1984 verständigt
Bundes- und der Landesvorstand der Grünen bei ein
im saarländischen St. Ingbert darauf, keinen Minister ... ein La-
fontaine-Kabinett zu entsenden, falls die SPD die Regierung bil-
den kann. Die *Süddeutsche Zei-*
*tung* kommentierte, der Korb für
den Obersozi komme nicht von
ungefähr. Ursache sei der »Alp-
traum vieler Grüner«, eventuell
»als Minister mit distinguierter
Regierungslimousine samt Stän-
der, womöglich zuständig und

> *»Die Grünen sind nicht*
> *wie viele linke Parteien*
> *etatistisch und (…)*
> *staatsfixiert.«*

verantwortlich für den Knast, die Einweihung eines Autobahn-
teilstückes oder die Entgiftung eines dioxinverseuchten Müll-
bergs« vollziehen zu müssen. Lafontaine reagiert prompt auf die
Distanzierung. Er wolle nun um die absolute Mehrheit kämpfen,
auch könne »der weiter sterbende deutsche Wald nicht darauf
warten, bis die Grünen geklärt haben, welche Rolle sie in der parlamentarischen Demokratie zu spielen gedenken«. Und der Sozialdemokrat gibt die damals äußerst erfolgreiche Kampfparole
aus: »Wer den Regierungswechsel im Saarland will, muss SPD
wählen.« 25 Jahre später, im Landtagswahlkampf 2009, Lafontaine ist nun Vormann der Linkspartei, lautet der Slogan ähnlich
knapp: »Wer grün wählt, wird sich schwarz ärgern.«

Die Achtziger- und die erste Hälfte der Neunzigerjahre sind
bei den Grünen im Saarland geprägt durch massive innerparteiliche Richtungskämpfe, wobei sich Realos – im Rest der Republik gelegentlich auch als *Banalos* verspottet – und Linke häufig wechselseitig blockieren. Der Saarländer Henry Selzer, von
1991 bis 1996 Bundesschatzmeister der Grünen, analysierte die
Lage des Landesverbandes bei einer Delegiertenkonferenz am
20. Mai 1990 in Neunkirchen-Furpach laut Protokoll rückhalt-

los. Die innerparteiliche Situation sei gekennzeichnet »durch Streit, Blockade und Nichtstun«. Ganze Ortsverbände seien in ein »Karteileichendasein« gefallen. Inhaltliche Arbeit fehle in weiten Bereichen. Die gute Arbeit, die teilweise in Kommunalfraktionen und in den Gemeinderäten geleistet werde, finde auf Landesebene keine Entsprechung. Das Problem der Landespartei sei »nicht der Fundi-Realo-Konflikt, sondern eher Ratlosigkeit und Resignation«. Ein Jahr später ergreifen führende Grüne die Initiative für eine Neupositionierung und erarbeiten für die Landesdelegiertenkonferenz am 14. April 1991 eine »politische Erklärung für eine ökologische Reformpolitik«. Mit diesem Papier soll ein »Reformprozess des grünen Projektes« eingeleitet werden.

*»Sofern links bedeutet, dass die großen sozialen und ökologischen Fragen solidarisch und nicht nach der Logik der Ellbogengesellschaft gelöst werden sollen, stehen wir Grüne in einer linken Tradition, sind also eine auf Solidarität und Emanzipation ausgerichtete Partei.«*

Die These: Eine Reformpartei sei durchaus »keine Partei auf Anpassungskurs«. So dürften die Grünen keine »FDP mit ein paar Ökofarbtupfern« werden. Die FDP wolle nichts »außer Ministerposten«. Die Grünen, so die feinsinnige Abgrenzung, seien dagegen eine Partei, »die viel will und die zur Verwirklichung ihrer Ziele unter gegebenen Umständen auch Ministerposten anstrebt, weil exekutives Handeln und Verwalten oftmals entscheidend dafür sind, dass Reformen auch verwirklicht werden können«. Eine der Hauptforderungen lautete schon damals: Raus aus der Kohleförderung. Im Saarland eine zu jener Zeit beinahe suizidale politische Position.

Die Reformer werfen zu jener Zeit auch die Frage auf, »ob die Grünen eine linke Partei sind oder nicht«. Das sei nicht allein eine Frage der Ziele, sondern auch eine der Identitäten. Die saarländischen Autoren formulieren eine Definition:

»Sofern links bedeutet, dass die großen sozialen und ökologischen Fragen solidarisch und nicht nach der Logik der Ellbogengesellschaft gelöst werden sollen, stehen wir Grüne in einer linken Tradition, sind also eine auf Solidarität und Emanzipation ausgerichtete Partei. Denn Ökologie ist für uns kein Thema des Luxus und der Moden. Auf der anderen Seite ist nicht zu übersehen, dass das Rechts-Links-Schema als politisches Koordinatensystem immer untauglicher wird, weil es Alternativen aus der Vergangenheit konserviert, Diskurse falsch strukturiert und neuem politischen Denken eher hinderlich ist. Die Grünen sind nicht wie viele linke Parteien etatistisch und (...) staatsfixiert. Unser positiver Bezugspunkt ist die zivile Gesellschaft und nicht der Staat. Wir sind nicht die linkeren Jusos und auch nicht die linkere PDS. Das Rechts-Links-Schema engt die politischen Perspektiven ein. Mit zum Teil neuen und unkonventionellen Antworten stehen die Grünen quer zu diesem traditionellen Schema. Sie bewahren wertvolle linke Traditionen, sind aber auch offen für wertkonservatives Denken.«

## Delegiertenmanipulation – nächtliche Telefonate

Wegen gravierender Probleme mit den Delegierten-Meldungen wird der für den 14. April 1991 geplante Landesparteitag auf Juni verschoben. Vor allem im Ortsverein Saarlouis sind die Verhältnisse laut interner Protokolle so »undurchsichtig«, dass der Landesvorstand die Konferenz absagt und zunächst eine einwandfreie Delegiertenauswahl sicherstellen will, »da bei unkorrekten Delegiertenwahlen alle Abstimmungen und

Beschlüsse der Landesdelegiertenkonferenz anfechtbar sind«. Zugleich kündigt der Vorstand mit Sprecherin Ulrike Voltmer an der Spitze an, auf diesem Parteitag geschlossen zurückzutreten, um einen »sauberen Neuanfang« zu ermöglichen. Der Öffentlichkeit dürfe »kein Bild von grünem Chaos« geliefert werden, »wie das in der Vergangenheit allzu oft vorgekommen ist«. Jetzt schlägt die Stunde von Hubert Ulrich. Er bewirbt sich erstmals für eine Vorstandsposition. Seine schriftliche Bewerbung hält er knapp:

»Liebe Grüne, mit diesem Schreiben möchte ich meine Kandidatur für den Landesvorstand der Grünen Saar erklären. Ich bin am 3. November 1957 in Saarlouis geboren, bin von Beruf Werkzeugmacher und stehe kurz vor dem Abschluss meines Studiums zum Wirtschaftsingenieur. Mitglied der Grünen bin ich seit 1982. Vor und nach dieser Zeit war ich in Bürgerinitiativen aktiv. In den Jahren 1984-1989 war ich für die Grünen im Stadtrat von Saarlouis tätig. In dieser Zeit wurde Saarlouis mehrheitlich von SPD und Grünen regiert, was dazu beitrug, dass in Saarlouis eine ganze Reihe von Inhalten der Grünen verwirklicht wurde. Nach der Kommunalwahl 1989 legte ich mein Mandat im Stadtrat nieder, da ich mich auf andere Aufgaben konzentrieren wollte und da (…) kompetente Nachrücker zur Verfügung standen. Zurzeit bin ich im Vorstand des Kreisverbandes Saarlouis tätig. In Zukunft möchte ich meine Arbeit auf Landesebene einbringen. Die genaue Begründung für meine Kandidatur zum Landesvorstand erfolgt mündlich auf der Landesdelegiertenkonferenz.«

Ulrich hat den Vorstoß offenbar intensiv vorbereitet und setzt vor allem auf die eigene Hausmacht. Sein Heimatkreisverband ist der mit Abstand mitgliederstärkste im Saarland. Da es jedoch kurz vor dem Parteitag noch etliche Ungereimtheiten mit dem Delegiertenstatus vieler neuer, von ihm angeworbener Mitglieder gibt, verlangt er ultimativ deren Zulassung. Laut einem parteiinternen Protokoll über eine Telefonkonferenz von vier Mitglie-

Auszug aus: Brief der Grünen Saar an alle grünen Mitglieder vom
25.04.91 und Protokoll der Telefonkonferenz vom Donnerstag, 11.04.91,
ca. 22 Uhr.

dern des Landesvorstandes am späten Abend des 11. April 1991
soll Ulrich »massiv gefordert« haben, »die 23 Delegierten von
Saarlouis anzuerkennen, ansonsten müsste der Landesvorstand
die (...) Konsequenzen tragen«. Ulrich dringe außerdem darauf,
»dass 57 neue Mitglieder anerkannt werden«. Dies macht der
amtierenden Parteispitze laut Vorstandssprecherin Ulrike Voltmer schwer zu schaffen. Sie verweist in der vertraulichen Runde darauf, dass in Saarlouis, Ulrichs Heimatortsverein, »allein
22 Beitrittserklärungen (...) nicht rechtens« seien, da die neuen
Mitglieder allesamt nicht dort wohnten. Außerdem sei auch die
Delegiertenwahl in Saarlouis »nicht rechtmäßig gewesen, weil
dort Nicht-Mitglieder abgestimmt« hätten und »sogar als Delegierte gewählt« worden seien. Ulrike Voltmer berichtet in diesem
telefonischen Quartett, sie habe wegen der offensichtlichen Ungereimtheiten sogar einen Rechtsanwalt konsultiert. Nach dessen
Auffassung sollten aufgrund dieser Umstände »überhaupt keine
Delegierten aus Saarlouis anerkannt werden«. Dies bekommt
Ulrichs Ortsverein auch schriftlich. Per Einschreiben werden
die Saarlouiser aufgefordert, eine neue Mitgliederversammlung

zu organisieren, um die Fehler zu beheben. Die Vorstandsmitglieder Henry Selzer und Ralf Hübsch berichten von weiteren Anrufen Ulrichs an dem Abend, der angedroht habe, »auf der Landesdelegiertenkonferenz zu chaotisieren«. Es sei »zu befürchten«, dass dort das »große Chaos« ausbrechen werde. Auf der anderen Seite hätten einige Grüne bereits angekündigt, »dass sie alle Beschlüsse (…) anfechten (…), sollten Delegierte aus Saarlouis mitstimmen«. Ulrike Voltmer verlangt, »es müssten die Verantwortlichen zur Rechenschaft gezogen werden«. Es gehe nicht an, dass Delegierte beim Parteitag aufträten, die eine solche »unrechtmäßige Vorgehensweise« zu verantworten hätten. Sie müssten vielmehr »ihre Ämter aufgeben«. Die Telefonrunde, die bis Mitternacht dauert, hält den Vorgang für derart brisant, dass sie sich darauf verständigt, die Geschichte unter Verschluss zu halten. Im Protokoll wird vermerkt: »Gegenüber der Presse sollen organisatorische Gründe für die Verschiebung der LDK (Landesdelegiertenkonferenz, Anm. d. Verf.) angegeben werden. Es sollen keine Interna nach außen dringen.«

Die internen Alarmmeldungen blockieren Ulrichs Weg an die Parteispitze nicht. Am 16. Juni 1991 wird er zum Vorsitzenden gewählt, der endgültige Durchbruch zu einer erstaunlichen Karriere als Berufspolitiker. In seinem erlernten Metier ist der Grüne nur wenige Jahre aktiv. Nach seiner Ausbildung zum Werkzeugmacher bei Ford arbeitet er zunächst als Qualitätsinspektor bei dem Autokonzern in Saarlouis, beginnt dann nach einer schulischen Weiterqualifikation ein Studium der Luft- und Raumfahrttechnik in Aachen, bis er 1983 an die Hochschule für Technik und Wirtschaft, HTW, in Saarbrücken wechselt, wo er laut Bewerbungsschreiben für den Parteivorsitz acht Jahre später seinen Abschluss als Wirtschaftsingenieur erwirbt. Nach seinem im Landtagshandbuch veröffentlichten Lebenslauf ist er seit seiner Wahl zum Landesvorsitzenden der Grünen 1991 nur von 2000

bis 2001 hauptberuflich und danach – neben seinem Bundestags-
und Landtagsmandat – in Teilzeit als Marketingmann angestellt,
bei der Saarbrücker IT-Firma think & solve. Ein Teilhaber ist
FDP-Politiker Hartmut Ostermann, der zum größten Spender
der Grünen avanciert und mit dem Ulrich schließlich 2009 in der
Jamaika-Koalition landet.

## Bonus für den Stimmenfänger

Wovon Ulrich in den Achtzigerjahren lebt, lässt er in seinem offiziellen Lebenslauf offen. Weggefährten erinnern sich, er habe
vor allem in der Saarlouiser Kneipe *Humpen* gejobbt, wo viele
Mitglieder für die Grünen angeworben worden sein sollen. Aus
den Parteiakten ergibt sich, dass ihm die Grünen bald nach seinem Amtsantritt als Vorsitzender eine monatliche Aufwandsentschädigung von 1000 DM genehmigen. Seine Stellvertreter
bekommen 200 DM. Die Differenz wird unter anderem mit seinem besonderen Engagement bei der Mitgliederwerbung und
Betreuung begründet. Ein Kuriosum: Die finanzielle Unterstützung durch die Partei nutzt der neue Vorsitzende, um sich eine
beispiellose Hausmacht aufzubauen, mit deren Hilfe er die Grünen mindestens zwei Jahrzehnte lang dominieren wird. Ulrich
findet das alles folgerichtig: »Mit fortschreitender Professio-
nalisierung und im Hinblick auf die Misserfolge bei vorange-
gangenen Wahlen war es notwendig, den Parteiaufbau und die
Parteiorganisation zu forcieren.« Dazu gehörte auch ein »deutlich stärkerer zeitlicher und personeller Aufwand als vorher
üblich.« Bis zu seiner Wahl an die Spitze des Landesverbandes
absolviert der aus einfachen Verhältnissen stammende ehrgeizige Aufsteiger eine typische politische Karriere als Kommunalpolitiker: Mitglied im Stadtrat, dann Kreistagsabgeordneter,
Engagements in diversen selbstverwalteten Einrichtungen wie

Grünen-Chef Hubert Ulrich

dem *Betriebshof* in Saarlouis, einem alternativen Kulturprojekt, bei dem Ulrich mehr als zehn Jahre lang als Vorsitzender agiert. Über dieses Engagement gewinnt er einen Großteil der Grünen-Mitglieder für seinen »Kampfverband«, wie seine Anhänger von den parteiinternen Gegnern gern apostrophiert werden. Daneben engagiert er sich bei Naturschutzorganisationen wie dem NABU und dem BUND. Vor allem aber baut der bekennende Realo seine Machtbasis aus: Zu seinen besten Zeiten, in den Neunzigerjahren, zählt der Grünen-Kreisverband Saarlouis angeblich rund 800 Mitglieder, etwa so viele wie in der Millionenstadt Köln, und stellt rund 40 Prozent der Delegierten bei Landesparteitagen. Ulrich führt dies darauf zurück, die Saarlouiser Grünen seien »seit jeher politisch überdurchschnittlich aktiv«. Der größte Teil der Mitgliedschaft resultiere »aus zahlreichen Bürgerbewegungen, etwa zur Durchsetzung eines Kultur- und Kommunikationszentrums für Jugendliche in den Achtziger- und Neunzigerjahren, aber auch in verschiedenen Bewegungen, wie der Dritte-Welt-Bewegung oder Umweltbewegung zur Rettung des Saarlouiser Stadtwaldes oder zur Verhinderung eines Großkraftwerkes in Ensdorf«. Insofern sei die hohe Mitgliederzahl »auch Ausdruck einer starken gesellschaftlichen Verankerung«. Die Zahlen sind zwar rückläufig, im August 2010 zählt der Grünen-Kreisverband Saarlouis nur noch 574 Mitglieder. Angesichts insgesamt schrumpfender Mitgliedszahlen ist der Einfluss von Ulrichs Heimatkreisverband auf die Landespartei allerdings weiter gewachsen: Mitte 2010 stellen die Saarlouiser Grünen einen Delegiertenanteil von etwa 48 Prozent. Mit dieser Hausmacht im Rücken beherrscht Ulrich den Landesverband fast nach Belieben. Der Macht nach innen entspricht jedoch nicht der Erfolg bei den Wählern. Die Grünen-Stimmenanteile bei Landtagswahlen halten sich in der Kreisstadt Saarlouis in engen Grenzen. Nur zweimal seit 1980 erreicht Ulrichs lokaler »Kampfverband« dort deutlich mehr Wählerstimmen als die Grünen im Kreisverband Mitglieder haben: 1994 wählen 1827 Stimmberechtigte die Partei (8 Prozent), 2009 sind es 1643 (9,3 Prozent). Sonst entspricht der Anteil etwa der Anzahl der Parteimitglieder oder liegt leicht darüber.

Schon ein halbes Jahr nach seiner Wahl zum Vorsitzenden eskaliert ein massiver Streit mit der damaligen Co-Vorsitzenden Christa Jenal. Sie begründet am 10. Dezember 1991 in einem Schreiben an den Landesvorstand, den Landeshauptausschuss, den Bundesvorstand und an die Mitglieder der Grünen Saar mit harten Worten ihren Rücktritt: »Ich wollte meinem Prinzip treu bleiben, das Gemeinsame im Verschiedenen zu entdecken und dadurch politische Vielfalt auszubauen. War es doch gerade Hubert Ulrich (…), der mich vor meiner Wahl wegen eines anfänglichen Zögerns mehrmals zuhause sowie auf dem Kinderspielplatz aufgesucht hat, um mich zu überzeugen, dass die

Grünen Saar ohne meine Kandidatur für den Landesvorstand ›verloren‹ seien, gerade wegen meines pragmatischen Politikverständnisses. Jetzt, da ich nicht – wie wohl erwartet – braves Anhängsel der grünen Politmachos bin, interpretiert ein Hubert Ulrich mein Engagement und Eintreten gegen Machtkampf, Ämterhäufung und machistisches Ausgrenzen von Frauen als ›Zerstörung der grünen Harmonie‹ und ›Politikunfähigkeit‹ und spricht mir sein ›tiefstes Misstrauen‹ aus.« In ihrer langjährigen Arbeit als Lehrerin an einem Gymnasium, bei der sie »öfter problematischen Menschen begegnet« sei, sei sie »nie derart unqualifiziert angepöbelt und permanent unterbrochen worden« wie in ihrer Zeit im Landesvorstand »insbesondere durch meinen ›Sprecherkollegen‹« Hubert Ulrich. So habe der Landesvorsitzende im Rahmen einer Pressekonferenz zum Thema Müllverbrennungsanlage einem Rundfunkjournalisten, der beide dazu interviewen wollte, gesagt: »Nein, nur mich. Das ist so beschlossen. Christa ist Gast hier!« Aus Sicht von Christa Jenal ist das »Machismus perfekt!«

Einen ähnlichen Macho-Vorwurf erhebt bereits zwei Monate zuvor Matthias Labouvie in einem offenen Brief an den Saarländischen Rundfunk. Labouvie, Mitglied im Grünen-Ortsverein Neunkirchen, ist von Anfang an einer der schärfsten Kritiker von Ulrich und liefert sich heftige innerparteiliche Scharmützel mit dem neuen Vorsitzenden, die häufig auch Schiedsgerichte der Partei beschäftigen. Auslöser für den offenen Brief vom 29. September 1991 ist die Anfrage des Senders, der gern eine Grünen-Politikerin porträtieren würde. Dies führt laut Protokoll in einer Landesvorstandssitzung der Grünen Saar zu einer »kontroversen Diskussion«. Die zu jener Zeit noch amtierende Mitvorsitzende Christa Jenal schlägt Hiltrud Breyer vor (später Grünen-Europaabgeordnete). Hubert Ulrich sieht laut Protokoll dagegen »die einmalige Chance für die öffentliche Darstellung des Landesvorstandes«, womit er vor allem sich selbst meint. Der Vorstand entscheidet schließlich mit drei zu eins Stimmen, Ulrich als Interviewpartner ins Gespräch zu bringen. Nur für den Fall, dass »von Seiten des saarländischen Rundfunks auf einer weiblichen Vertreterin bestanden wird«, soll eine grüne »Basisvertreterin« benannt werden. Ulrich-Gegner Matthias Labouvie, dem das Vorstandsprotokoll bekannt wird, bittet den SR-Autor »namens der Basis« eindringlich, »Herrn Ulrich nicht für ein Porträt der Grünen Saar zu akzeptieren«. Für dieses Anliegen gebe es »so viele Gründe zu nennen, dass mehrere Blätter Papier nicht ausreichen würden, sollte alles gegen ihn Sprechende dargelegt werden«. Hubert Ulrich, so Labouvie, sei der »Grüne Rambo aus Saarlouis«, »nur vergleichbar einem Unteroffizier in einer afrikanischen Bananenrepublik, der durch einen Putsch an die Macht kommt und sich selbst zum General ernennt«. Der neue Parteivorsitzende sei der »klassische Westernheld«, der Frauen in seinem Ortsverband lediglich »als Stimmvieh und Steigbügelhalterrinnen« benutze, die »erforderlich sind wegen des Frauenstatuts«. Zur Landtagswahl 1990 im Saarland sei es Ulrich und seinen Anhängern gelungen, »das Frauenstatut für ihre Landtagswahlkreise außer Kraft zu setzen«. So habe Hubert Ulrich im Wahlkreis Saarlouis auf Platz eins kandidiert, ein anderer Mann im Wahlkreis Saarbrücken. Leider sei die Satzungswidrigkeit erst rund ein Jahr später vom zuständigen Partei-Schiedsgericht festgestellt worden. Hubert Ulrich, moniert Labouvie, sei »freundlich zu Menschen (...) solange sie ihm zu Willen sind«. Der Vorsitzende umgebe sich »immer mit einem Trupp, den er *basisdemokratisch* zusammenruft, um sich von ihm seine Entscheidung bestätigen zu lassen«. Diese Männergruppe sei »bei der letzten Landesdelegiertenkonferenz schon vor der Mittagszeit zum Teil angetrunken« gewesen und habe sich außerhalb des Versammlungssaales für Umstehende vernehmbar darüber Gedanken gemacht, ob man nicht in Neunkirchen, wo die innerparteilichen Gegner herkommen, »mal aufräumen« müsse. Grüne, die jene Zeit aktiv

>*Der ist so mediengeil
wie kaum ein anderer
Politiker im Saarland.«*

miterlebt haben, berichten, Ulrich sei damals auch bei Parteiveranstaltungen oft von Spielern der Amercian-Football-Mannschaft *Saarland Hurricanes* begleitet worden. Er ist dem Verein noch heute eng verbunden. Der Vizepräsident und Geschäftsführer des Clubs ist hauptamtlicher Mitarbeiter der Grünen-Landtagsfraktion.

Wie diese konkrete Geschichte journalistisch weiterging, lässt sich nach fast zwanzig Jahren nicht mehr klären. Insider bestätigen freilich auch im Jahr 2010, dass Ulrich noch immer großen Wert auf Medienpräsenz legt. Ein SR-Redakteur:»Der ist so mediengeil wie kaum ein anderer Politiker im Saarland.«

Der offene Brief von Matthias Labouvie an den Sender regt Hubert Ulrich jedenfalls dermaßen auf, dass er, gemeinsam mit seinem engen Vertrauten und Berater Gabriel Mahren und den beiden Grünen-Funktionären Siegfried Baumgärtner und Josef Dörr, allesamt Mitglieder des Landeshauptausschusses der Partei, beim Grünen-Landesschiedsgericht »Ordnungsmaßnahmen« gegen Labouvie beantragt. In einem Schreiben vom 18. Februar 1992 an den Schiedsgerichtsvorsitzenden Stephan Körner, in der Jamaika-Koalition Staatssekretär im Kultusministerium, wirft das Quartett Labouvie vor, er habe »nachgewiesenermaßen und vorsätzlich« der Partei »schwersten Schaden zugefügt«. Sie beantragen deshalb mit sofortiger Wirkung das Ruhen sämtlicher Mitgliedsrechte und schließlich den »Ausschluss aus der Partei«. Dies fordert auch der Landesvorstand in einer Sitzung am 22. September 1992. Der Fall wandert durch die Schiedsgerichte, Labouvie bleibt erstmal Mitglied. Die Auseinandersetzung ist symptomatisch für die damalige politische Konstellation im Grünen-Landesverband: Das Ulrich-Lager und seine Kritiker befinden sich im Dauerclinch. Ulrich gelingt es, seine Macht Schritt für Schritt auszubauen. Wichtig sind dabei auch logistische Voraussetzungen. Etwa die Funktion der Landesgeschäftsstelle. Der neue Parteivorsitzende will dort Leute aus den eigenen Reihen unterbringen. Also werden Mitarbeiterinnen gekündigt. Auf dem Landesparteitag am 29. März 1992 in der Stadthalle in Dillingen, 110 Delegierte sind anwesend, ist dies Anlass für lautstarke Auseinandersetzungen. Laut Sitzungsprotokoll übt Kajo Breuer, später Bürgermeister in Saarbrücken, eine grundsätzliche Verfahrenskritik. Nach seiner Meinung hat die Landesgeschäftsstelle bisher gut gearbeitet. Die Kündigungen seien »sowohl ungerecht als auch überflüssig«. Ulrich wiederum wirft seinen Gegnern eine »konzentrierte Intrigenwirtschaft« vor.

Der Streit spielt sich vor den Augen der Grünen-Bundesvorstandssprecherin Heide Rühle ab, die wegen der seit Monaten dauernden innerparteilichen Konflikte ins Saarland angereist ist, um vor Ort zu retten, was zu retten ist. Als Bundesschatzmeister Henry Selzer, neben Matthias Labouvie einer der heftigsten Kritiker von Ulrich, den Geschäftsordnungsantrag stellt, Heide Rühle auf die Rednerliste zu setzen, ist der Landesvorsitzende sofort auf der Palme und spricht sich dagegen aus. Sie solle »nicht in die laufende Debatte eingreifen«. Nach einigem Hin und Her darf die Vorstandssprecherin schließlich doch etwas sagen. Und sie hält mit ihrer Kritik nicht hinter dem Berg. Laut Protokoll kritisiert sie die Arbeit von Hubert Ulrich als »nicht konstruktiv«. Sie unterstellt dem Landesvorstand, kein Konzept zu haben und fordert ihn auf, ein solches vorzulegen. Es sei »für alle sichtbar«, dass der »Landesverband gespalten« sei, obwohl die bevorstehenden Kommunalwahlen die Arbeit aller nötig machten. Rühle plädiert entschieden für die Herstellung einer gemeinsamen Diskussionsbasis, da schlechte Kommunalwahlergebnisse keine gute Voraussetzung für die Landtagswahl seien. Hubert Ulrich giftet zurück, Teile des Bundesvorstandes seien »ganz offensichtlich angetreten, um Stimmung gegen den Landesvorstand zu machen«. Hier sei vor allem Henry Selzer zu nennen, der versuche, die Presse zu mobilisieren und für seine Interessen zu instrumentalisieren. Hubert Ulrich weist alle gegen ihn erhobenen Vorwürfe als unbegründet zurück. Er verweist stolz darauf, dass sich die Mitgliederzahl in seinem Heimat-Kreisverband Saarlouis in nur vier Jahren praktisch verzehnfacht habe. Dies sei das Ergebnis konsequenter Arbeit, seine Kritiker hätten dem »nichts Vergleichbares entgegenzustellen«. Damit trifft Ulrich einen der wundesten Punkte seiner innerparteilichen Gegner, die tatsächlich nie in der Lage sind, seiner schlagkräftigen Gefolgschaft auch nur annähernd Paroli zu bieten.

## Die Wende – wirtschaftspolitischer Rechtsruck

Ulrich dominiert die Grünen bald auch inhaltlich. So formuliert er gemeinsam mit seinem Saarlouiser Parteifreund Christian Molitor, unterdessen Direktor im Sparkassenverband Saar, für die Landesdelegiertenkonferenz am 18. Oktober 1992 ein Positionspapier zur Ansiedlungspolitik im Saarland, das regional für große Medienresonanz sorgt. Die Leit-These: »Es kann nicht das Ziel grüner Politik sein, Ansiedlungen im Saarland generell zu verhindern. Wir sind davon überzeugt, dass eine gesunde Umwelt und eine leistungsfähige Wirtschaft miteinander vereinbar sind. Energisches umweltpolitisches Vorgehen erfordert geradezu eine prosperierende Wirtschaft, die den Umweltschutz bezahlbar macht.« Das Bemühen um Neuansiedlungen, versichern die beiden Autoren, »findet daher unsere prinzipielle Unterstützung«. Das bedeute jedoch nicht, »dass wir die von der derzeitigen Landesregierung praktizierte Ansiedlungspolitik gutheißen«. Eine Ansiedlungspolitik, »die Erfolge dadurch erzielt, dass Unternehmen angelockt werden, indem umweltpolitische Konzessionen gemacht werden, ist kurzsichtig«. Standorte für Industrieansiedlungen ohne vorherige Information der Bevölkerung und ohne Diskussion »von oben« durchzusetzen, sei unklug: »Mangelhafte Information verstärkt die Ängste und den Widerstand der Bevölkerung gegenüber neuen Unternehmen.« Eine moderne Ansiedlungspolitik müsse eingebunden werden in ein ökologisches Gesamtkonzept für die Region. Dies könne aber »nicht bedeuten, dass bis zur Ausarbeitung eines Gesamtkonzeptes alle Aktivitäten ruhen müssen«. So könnten etwa leicht kontaminierte Flächen »relativ schnell zur neuen Nutzung bereitgestellt werden«. Das Fazit des Realo-Gespanns: »Grüne Politik darf nicht zum Ziel haben, die Entstehung einer leistungsfähigen Wirtschaft im Saarland zu behindern, nur zusammen mit einer solchen Wirtschaft lässt sich Umweltschutz in dem von uns gewünschten Maß realisieren.« Ein Satz, der auch im CDU-Parteiprogramm stehen könnte.

Diplom-Volkswirt Christian Molitor forciert die neue wirtschaftspolitische Ausrichtung in den folgenden Wochen weiter. Offensiv vertritt er die Ergebnisse eines Forschungsberichtes des Instituts für empirische Wirtschaftsforschung an der Universität des Saarlandes zur Standortqualität des Bundeslandes – er ist einer der Autoren. In einem Referat vor der Kommunalpolitischen Vereinigung, KPV, der Grünen plädiert er beispielsweise dafür, die Löhne im Saarland deutlich geringer ansteigen zu lassen als in anderen Regionen. Zu dieser Zeit liegt das Lohnniveau an der Saar bereits zwischen 3,5 und 6,5 Prozent unterhalb des Durchschnitts in anderen Regionen Westdeutschlands. Diese Differenz hält Realo Molitor für zu gering. Um den Löhnen als »Standortfaktorgewicht« eine größere Bedeutung zu verleihen, müsste der Abstand wenigstens 10 Prozent nach unten betragen. Nur so sei die Konkurrenzfähigkeit etwa zum benachbarten

Lothringen gegeben. Als weiteren wichtigen Grund für niedrigere Löhne nennt er den Umweltschutz: Den an Ansiedlungen interessierten Unternehmen müsse man »Spielräume lassen«. Denn: »Ein hoher Umweltstandard verursacht Kosten.« Deshalb müsse die Politik den Firmen »an anderer Stelle entgegenkommen, um diese Kosten aufzufangen«. Auch die Gewerbesteuer sei zu hoch. Da spitzen die saarländischen Arbeitgeberorganisationen erfreut die Ohren. Das hört sich doch vielversprechend an. Mehr Geld, so Molitors Anregung, könnten die Städte und Gemeinden durch die Erhöhung der Grundsteuer oder der Gebühren generieren. Selbst die Privatisierung öffentlicher Einrichtungen schließen die Saar-Realos nicht mehr aus und akzeptieren zudem den Ausbau der Autobahn 8, »da sie das Saarland mit den Nordseehäfen in Belgien und Holland verbindet«. Als notwendigen Standortfaktor betrachten die neuen Tonangeber in der Umweltpartei auch den Flughafen in Saarbrücken-Ensheim. Alles Thesen, die sich im Eiltempo den von den bürgerlichen Parteien vertretenen Positionen annähern.

Die Reaktion der Ulrich-Gegner lässt – anders als 18 Jahre später – nicht lange auf sich warten. Am 13. November 1992 berichtet die Saarbrücker Zeitung über »Wirbel um Thesen der Grünen-Kritik von Saarbrücker Ratsfraktion und BUND«. Werner Schmitt, damals Sprecher der Stadtratsfraktion, greift Christian Molitor in einer Pressemitteilung scharf an: »Wenn nicht einmal mehr die Grünen die Umweltbelange ernst nehmen, so kann man getrost auf diese Partei verzichten.« Die verkehrspolitischen Positionen seien »eine Ohrfeige für jeden engagierten Umweltschützer«. Die Forderung nach Lohneinbußen sei »völlig inakzeptabel« und entspringe einer »altvorderen wirtschaftsliberalen Theorie«, die sich um soziale Belange nicht kümmere. Die präsentierten Vorschläge lägen »auf der gleichen Wellenlänge wie CDU und FDP«. In die gleiche Richtung ziele auch die vorgeschlagene Abschaffung der Gewerbekapitalsteuer und die Senkung der Gewerbesteuer bei gleichzeitiger Erhöhung der Gebühren. Auf diese Weise, so Schmitt, werde »nicht nur die wichtigste Einnahmequelle der Städte und Gemeinden bedroht, sondern auch noch die Entlastung der Unternehmen auf die Bürgerinnen und Bürger abgewälzt«. Völlig unbeachtet bliebe bei dieser Absicht, »dass Gebühren einen Gegenwert für spezielle Leistungen der öffentlichen Hand darstellten und nur zur Abdeckung der tatsächlichen Leistungen erhoben werden könnten«. Da die Kostendeckung jedoch in den meisten Fällen bereits gegeben sei, sei die Forderung »nach Anhebung der Gebühren als Ausgleich für den Wegfall der Gewerbesteuereinnahmen finanzpolitisch unsinnig«.

Aber so sehr die Saarbrücker Grünen gegen den »Rechtsruck« opponieren: Landesweit organisiert wird die Kritik an Ulrich und seinen Verbündeten nicht, der Unmut wabert unkoordiniert durch die Partei. Seine Gegner sind nicht in der Lage, ein mehrheitsfähiges Bündnis zu schaffen. Martin Rolshausen, zu jener Zeit Vorstandssprecher des Kreisverbandes Saarbrücken, fasst sein Unbehagen darüber am 10. November 1992 in einem unter anderem an den Bundesvorstand und den Länderrat adressierten persönlichen Brief zusammen. Eine offizielle Stellungnahme, so seine Einschätzung, würde den Kreisverband angesichts »der momentan fast nicht vorhandenen Konfliktfähigkeit vor die Zerreißprobe stellen«. Rolshausen bezieht sich in seinem Schreiben unter anderem auf ein Papier des Landesvorstandes, in dem es heißt: »Nicht, dass wir diese Mitglieder nicht integrieren wollten. Zu einer echten, ernst gemeinten Integration gehören jedoch immer zwei.« Gemeint sind die internen Gegner von Parteichef Hubert Ulrich. Rolshausen empört sich heftig über diese Anspielung: »Diesen

Satz, der einzige im Landesvorstands-Papier fett gedruckte, muss man sich angesichts der saarländischen Realität auf der Zunge zergehen lassen. In diesem Satz ist die Heuchelei der Gruppe um Hubert Ulrich und Co. (Damit meine ich nicht pauschal die ›Saarlouiser‹) auf den Punkt gebracht. Ich glaube nicht, dass Hubert und Co. den Ausgleich (geschweige denn Versöhnung) im Landesverband suchen.« Der Saarbrücker Grüne wirft dem Landesvorstand vor, er verfolge eine Konfliktstrategie, »die durch klare Feindbilddefinition die Solidarität der Leute im eigenen ›Lager‹ sicherstellt«. Dieser Kurs werde »mit aller Härte gefahren«. Wer nicht ins Konzept passe, eventuell sogar eine eigene, abweichende Meinung vertrete, werde »stigmatisiert und geoutet«. Rolshausen: »Dabei geht es meines Erachtens längst nicht mehr um das viel zitierte ›Wohl der Partei‹. Es geht um die Macht, um die wenigen Posten, die schon zu verteilen sind und die vielen erhofften, die da noch irgendwann zu verteilen sein sollen. Machtkämpfe sind auch in der Grünen-Partei nichts Neues.« Neu sei jedoch die »Qualität«, die diese Auseinandersetzung im saarländischen Landesverband seit der Wahl von Hubert Ulrich eineinhalb Jahren zuvor bekommen habe.

Für Martin Rolshausen ist klar, wer die Hauptverantwortung für diese Eskalation trägt: »Hubert hat vom ersten Tag seiner Amtszeit an polarisiert. Sein Motto scheint zu sein: Du sollst keine anderen Götter neben mir haben! So konnten wir schon einige Monate nach der Landesvorstandswahl (…) feststellen, dass für zwei gleichberechtigte VorstandssprecherInnen an der Saar kein Platz ist: Die im Vorfeld der Wahl auch von Hubert gepriesene Christa Jenal hat nach kurzer Amtszeit das Handtuch geworfen. Seitdem – also seit über einem Jahr – ist der gleichberechtigte Platz neben Hubert im Landesvorstand unbesetzt.« Hier stellten sich zwei Fragen: »1. Will keine Frau (sich das antun) und woran liegt das? 2. Darf keine Frau (Hubert wichtige Sendesekunden, Zeitungsspalten und Podiumsauftritte rauben)?« Dabei gebe es gerade unter den Frauen und Männern, »die von Hubert und Co. am meisten bekämpft werden«, viele, »die ein eigenes Profil weit über die Parteigrenzen hinaus haben, die landes- und zum Teil sogar bundesweit in ökologischen und sozialen Organisationen in der ersten Reihe stehen«. Verglichen mit diesen Leuten wirke der Landesvorstand und vor allem sein Sprecher »mehr als blass«.

---

*»Dabei geht es meines Erachtens längst nicht mehr um das viel zitierte ›Wohl der Partei‹. Es geht um die Macht, um die wenigen Posten, die schon zu verteilen sind und die vielen erhofften, die da noch irgendwann zu verteilen sein sollen.«*

---

Ulrich scheine dies auch zu wissen, »sonst würde er diese Menschen nicht als Gefahr für sich sehen und sie parteiintern demontieren«. Rolshausen zieht damals ein Fazit, das dem der Kritiker der Jamaika-Koalition siebzehn Jahre später sehr ähnelt: »Die saarländischen Grünen sind ein Musterbeispiel für eine Karrierepartei analog zur FDP geworden: In kleinen Parteien kommt man schneller hoch, kann leichter majorisieren.« Die neue Position des Landesvorstandes zur Wirtschafts- und Ansiedlungspolitik komme »eher einem Profil-Marketing für aufstrebende Politik-Yuppies gleich, als einem Standort-Marketing für das Saarland«. Rolshausen legt sein Amt nieder. Politik verfolgt er danach nur noch beobachtend und kommentierend – als Redakteur bei der Saarbrücker Zeitung.

# Fliegende Ortsverbände

Auch der Bundesvorstand der Grünen ist über die massiven Auseinandersetzungen im saarländischen Landesverband auf dem Laufenden. Innenansichten aus erster Hand bekommt er von dem aus dem Saarland stammenden Bundesschatzmeister Henry Selzer. Außerdem meldet sich immer wieder mal die grüne Basis mit Informationen über die Scharmützel in der Provinz. So beklagen sich die Grünen Jürgen Schäfer, Hans-Joachim Dörr, Werner Schmitt und Joachim Selzer am 24. November 1992 in einem Brief an die grüne Bundesgeschäftsstelle über »negative Entwicklungen« bei den Grünen Saar. Die Versorgung der Parteibasis mit Informationen und anderer Unterstützung lasse »sehr zu wünschen übrig«. Im Kreisverband Merzig-Wadern sollten außerdem durch »von Hubert Ulrich initiierte ›gezielte Eintritte‹ von Saarlouiser Mitgliedern in einen neu gegründeten Ortsverein Beckingen die bestehenden Mehrheitsverhältnisse im Kreisverband gekippt werden.« (Ähnliche Vorwürfe wegen »fliegender Ortsverbände« werden auch siebzehn Jahre später noch laut.) Schließlich beklagt das Kritiker-Quartett eine zunehmende Verflachung der politischen Diskussionen. Dies gefährde »die Position des Grünen Landesverbandes als ökologisch und sozial ernst zu nehmende Alternative«. In der Debatte über die Standpunkte der Grünen in der Wirtschaftspolitik im Saarland versuche der Landesvorstand »Denkstrukturen einer x-beliebigen Industrie- und Handelskammer oder deren Interessenvertreter anzuwenden. Diese Thesen zerstören mehr als zehn Jahre grüner Arbeit vor Ort.« Der Landesvorstand unter Hubert Ulrich sieht das alles ganz anders. Er wirft den Kritikern mangelndes Engagement und »unverhohlene Abspaltungsversuche« vor, mokiert sich aber zugleich über die Bedeutungslosigkeit der Protagonisten, die nicht mehr als fünfzig von siebenhundert Mitgliedern mobilisieren könnten. Eine Spaltung wäre aus Sicht des Landesvorsitzenden und seiner Vertrauten »nur der fatale Versuch, einen Schwanz mit dem Hund wedeln zu lassen«.

Wenige Tage später bekommt der Landesvorstand Post von Dorothea Staiger, Bundesgeschäftsführerin der Grünen. Wegen der »sich zuspitzenden Konflikte im Landesverband Saarland« habe der Bundesvorstand »eine unabhängige Kommission, bestehend aus dem früheren Vorsitzenden des Bundesschiedsgerichtes, Gustav Schnepper, und dem Vorsitzenden des Landesschiedsgerichtes Hessen, Roland Kern, eingesetzt«. Die Kommission »soll die Vorwürfe beider Seiten prüfen und für den nächsten Länderrat, der voraussichtlich im Februar 1993 stattfinden wird, einen neutralen Bericht über die Konflikte im Landesverband Saarland schreiben«. Es sei, merkt Dorothea Staiger in dem Brief vom 26. November 1992 an, »sicher auch im Sinne des Landesvorstandes Saar, wenn zwei vom Bundesvorstand unabhängige Personen diesen Bericht für den Länderrat machen«. Die Bundesgeschäftsführerin irrt sich. In einer Antwort vom 30. November merkt Michael Mansion von der Landesgeschäftsstelle Saar höchst verärgert an, man habe den Vorschlag »mit Erstaunen zur Kenntnis genommen«. Bevor der Landesvorstand über eine solche Kommission diskutieren könne, »bitten wir Euch uns mitzuteilen, um was es im Einzelnen geht«. Der Schritt des Bundesvorstandes stelle »einen massiven Eingriff in die Autonomie der Landesverbände dar«. Insbesondere der saarländische Landesverband sei »in der Vergangenheit bereits mehrfach Opfer von solchen Eingriffen (gewesen), die immer wieder auf einzelne Personen im BuVo (Bundesvorstand, Anm. d. Verf.) zurückzuführen waren, denen die Mehrheitsverhältnisse im Landesverband Saar nicht ins politische Bild passten«. Gemeint ist Bundesschatzmeister Henry Selzer. Dabei, empört sich Michael Mansion, »scheint im Umgang mit dem relativ kleinen Saar-Landesverband eine Vorgehensweise in Mode gekommen zu sein, die bei größeren Landesverbänden undenkbar wäre, aber auch so einen innerparteilichen Skandal darstellt«.

Während die Bundesgeschäftsführerin den Landesvorstand informiert, wendet sich die Politische Geschäftsführerin des Grünen-Bundesverbandes, Heide Rühle, an die beiden ausgesuchten Schlichter Gustav Schnepper und Roland Kern. Sie schreibt am 24. November 1992:

»Die Konflikte im Landesverband Saar spitzen sich immer mehr zu. Kreisverbände diskutieren bzw. beschließen Beitragsstopp, es existieren zwei Grüne Kommunalpolitische Vereinigungen nebeneinander. Wir haben als Bundesvorstand praktisch unsere Möglichkeiten ausgeschöpft, die zu einer Lösung der Konflikte führen könnten. Alle Schlichtungsgespräche waren bisher ergebnislos. Alle Vorschläge, wie der Landesvorstand z.b. dazu beitragen könnte, die Situation zu entschärfen, wurden in den Wind geschlagen. Auch Versuche, über Landesvorstände aus Baden-Württemberg und Hessen Einfluss zu nehmen, waren ergebnislos. Nun müssen wir die Problematik in den nächsthöheren Parteigremien, im Länderrat und Bundesfinanzrat diskutieren. Da jedoch ein Mitglied des Bundesvorstandes (Henry Selzer) aus dem Landesverband Saar stammt, könnte unsere Objektivität angezweifelt werden. Wir hielten deshalb die Einrichtung einer Kommission für hilfreich. Wir möchten Euch also bitten, einen Bericht für den Länderrat über die Situation des Landesverbandes Saar zu schreiben. Ihr solltet dazu mit beiden Seiten Kontakt aufnehmen und die gegenseitigen Vorwürfe überprüfen.«

Am 7. März 1993 sind die Dauerquerelen bei den Saar-Grünen Thema im Länderrat der Partei. Die innerparteiliche Opposition aus dem Saarland, die sich selbst den Namen *Perspektive* gegeben hat, präsentiert eine kritische Beschreibung der Verhältnisse in der Öko-Partei. In einer »Tischvorlage« werden Verfahrenstricks und Satzungsverstöße des Landesvorstandes unter Hubert Ulrich angeprangert. Kritisiert wird vor allem »das häufige Wechseln von Mitgliedern zwischen den verschiedenen Ortsvereinen«, von Ulrich-Gegnern oft als »fliegende Verbände« angeprangert. Mit dieser Taktik schaffe der Landesvorsitzende »flexibel genehme Mehrheiten«. Als plastisches Beispiel beschreiben die Kritiker einen Zwischenfall im saarländischen Grünen-Kreisverband Merzig-Wadern, wo Hubert Ulrich damals wenig Freunde hat. Dort tauchte »auf einer Kreismitgliederversammlung plötzlich ein ohne das Wissen des Kreisverbandes durch den Landesvorstand neugegründeter mitgliederstarker Ortsverein auf (die Hälfte der Mitglieder stammt aus dem Kreisverband Saarlouis), majorisierte die Versammlung und kündigte an, auf der nächsten Sitzung den Kreisvorstand abzuwählen. Da nach der Kreissatzung Ortsvereins-Neugründungen der Anerkennung durch den Kreisvorstand bedürfen, erklärte das zuständige Schiedsgericht die Neugründung für ungültig. Vor drei Wochen wurde der gleiche Ortsverein unter der Sitzungsleitung von Landesvorstandssprecher Hubert Ulrich erneut gegründet, wieder ohne den Kreisvorstand zu informieren.« Die Vertreter des linken Parteiflügels fühlen sich von solchen »Stoßtrupps« regelrecht überrumpelt. Der Landesverband wird zunehmend autoritär geführt. Beklagen sich Kritiker und fordern mehr Transparenz der Strukturen, werden sie häufig abgewimmelt. Ulla Bohnes vom Grünen-Kreisverband Neunkirchen und Jürgen Nieser vom Kreisverband Saarbrücken, der wegen Ulrich einige Jahre später die Grünen verlässt, beklagen bei der Länderratssitzung auch die Geheimhaltungsstrategie des neuen Führungskaders: »Ein genauer Überblick, wie viele Mitglieder die einzelnen Ortsvereine haben und welche Menschen Mitglied in welchem Ortsverein sind, ist unmöglich, da laut Landesvorstands-Beschluss Einsicht in Mitgliederlisten nur mit vorher schriftlich eingereichter Begründung möglich ist.« Hubert Ulrich wird bei dem Treffen aufgefordert, er solle seine »Scheinmitgliedschaft im Kreisverband Saarbrücken beenden und in den Kreisverband Saarlouis

*»Telefonische Anfragen missliebiger Kreisvorstände werden schlicht und einfach mit dem Auflegen des Hörers quittiert.«*

zurückkehren«. Der seit Juni 1991 amtierende Landesvorstand, formulieren die Kritiker in ihrem dem Länderrat vorlegten Papier, »versteht unter seiner Arbeit (…) weniger eine Grundlage zur Organisation und Erarbeitung grüner Politik, sondern mehr den Machtkampf zur Durchsetzung und Absicherung eigener Ansprüche. Zu diesem Zweck wird die vorhandene Infrastruktur einseitig missbraucht«. Sitzungen des Landesvorstandes seien »bei kritischen Punkten nicht öffentlich« und Landesvorstands-Protokolle würden »in ihrer Aussagekraft bewusst verkürzt oder zurückgehalten«. Auch die Landesgeschäftsstelle der Partei werde vom Vorstand für seine Zwecke missbraucht: »Telefonische Anfragen missliebiger Kreisvorstände werden schlicht und einfach mit dem Auflegen des Hörers quittiert. Anrufende Mitglieder sind minutenlangen Schimpfkanonaden durch den Finanzreferenten ausgesetzt, die auch der Landesgeschäftsführer nicht unterbinden kann oder will.«

## Verschärfter Konfrontationskurs des Grünen-Chefs

Nur wenige Wochen später, im April 1993, schrillen die Alarmsirenen der Partei schon wieder – und noch lauter als sonst. Der Grund: Das Landesschiedsgericht der Grünen im Nachbarland Rheinland-Pfalz verkündet eine spektakuläre Entscheidung. Sämtliche Beschlüsse der Landesdelegiertenkonferenz der saarländischen Grünen vom 16. Juni 1991 werden für ungültig erklärt, damit auch die Wahl von Hubert Ulrich zum Landesvorsitzenden. Anlass ist ein Antrag von Ulrich-Kritiker Matthias

Labouvie. Der bemängelt, die Auswahl der Delegierten auf diesem Parteitag sei nicht satzungsgemäß zustande gekommen, das Ulrich-Lager sei dabei bevorzugt worden. Das rheinlandpfälzische Schiedsgericht wird eingeschaltet, um Befangenheitsvorwürfen gegen das saarländische Gremium zuvorzukommen. Labouvies Hauptargument: Während im Etat bei den Beitragszahlungen von 400 Mitgliedern im Landesverband ausgegangen werde, seien bei der Festlegung des Delegiertenschlüssels 676 Mitglieder zugrunde gelegt worden. Daraus ergebe sich »offensichtlich (...) eine Manipulation der Delegiertenanzahl«. In Ulrichs Heimatverband Saarlouis zahlen von den 174 Mitgliedern, die bei der Berechnung des Delegiertenschlüssels angenommen werden, laut Schiedsgericht nur 137 regulär ihre Beiträge. Anstatt jedoch die 37 Nichtzahler nach entsprechenden Mahnverfahren auszuschließen oder zumindest das Ruhen der Mitgliedsrechte zu verfügen, habe der Kreisverband nichts unternommen, diese Sanktionen »noch nicht einmal in Erwägung gezogen«, ein aus Sicht des Landesschiedsgerichtes Rheinland-Pfalz inakzeptables Verfahren. Die Begründung: »Es kann aber nicht dem Opportunitätsprinzip seitens des Gebietsverbandes überlassen bleiben, ob er auf die Einhaltung der Zahlung der Mitgliedsbeiträge drängt oder nicht. Daraus folgt, dass bei Nichtbeitragszahlung bzw. fehlender Befreiung von der Pflicht, Mitgliedsbeiträge zu entrichten, das Ruhen der Mitgliedschaftsrechte auch ohne ausdrücklichen Hinweis des Gebietsverbandes (Kreisverband Saarlouis, Anm. d. Verf.) eintritt. Dies ergibt sich auch daraus, dass finanzstarke Gebietsverbände durch Nichtbereinigung ihrer Mitgliederliste größeren Einfluss auf die Politik des Landesverbandes nehmen könnten als finanzschwache, die die Abführung der Landes- und Bundesmark ohne Beitragszahlung sich nicht leisten können. Der OV Saarlouis hingegen hat sich beide Vorteile gesichert, da er einerseits eine hohe Mitgliederzahl hat, andererseits mit der Zahlung von 20 000 DM an den

Landesverband in Verzug war und diese gestundet bekam. Dies ist nicht angängig. Daraus ergibt sich, dass mehr Delegierte zur LDK (Landesdelegiertenkonferenz, Anm. d. Verf.) anwesend waren und mitgestimmt haben, als nach satzungsgemäßem Verfahren zulässig gewesen wären. Schon aus diesem Grunde sind alle Beschlüsse rechtswidrig und insbesondere Wahlen nichtig. (…) Dieses Verfahren ist nach einstimmiger Auffassung des Landesschiedsgerichtes Rheinland-Pfalz weder rechtlich einwandfrei noch mit den basisdemokratischen Grundsätzen der Grünen zu vereinbaren. Das Demokratie-Prinzip, das den Grünen so wichtig ist, ist daher in eklatanter Weise verletzt worden. Durch das Aufrechterhalten dieses rechtswidrigen Zustandes durch den jetzigen Landesvorstand Saar ist auch das Ansehen der Partei Die Grünen in der Öffentlichkeit nicht unerheblich geschädigt worden. Nach alldem blieb dem Landesschiedsgericht keine andere Möglichkeit, als die Beschlüsse der LDK vom 16. Juni 1991 aufzuheben bzw. für nichtig zu erklären.«

Am 10. April 1993 meldet die Saarbrücker Zeitung unter der Überschrift »Saar-Grüne vor Zerreißprobe«, die Politische Geschäftsführerin der Bundes-Grünen, Heide Rühle, plädiere dafür, eine außerordentliche Delegiertenversammlung solle den Streit im Saarland beilegen. Eine als »Perspektivgruppe« agierende innerparteiliche Opposition im Landesverband, der nach eigener Darstellung drei Kreisverbände und viele Mandatsträger angehören, fordert dagegen den sofortigen Rücktritt des Landesvorstandes. Der reagiert prompt. In scharfer Form weist er Manipulationsvorwürfe gegen Hubert Ulrich zurück und dreht den Spieß um. Die im Urteil des Landesschiedsgerichtes Rheinland-Pfalz genannten Zahlen stammten vom vorherigen Landesvorstand. Der sei auch für die Vorbereitung, Einberufung und Mandatsprüfung verantwortlich gewesen. Den jetzigen Landesvorstand mit den eventuellen Fehlern in Verbindung zu bringen, sei eine »politische Kampagne gegen den realpolitischen Kurs der Saar Grünen«, denn der amtierende Landesvorstand sei ja eben erst am 16. Juni 1991 gewählt worden. Der Kern des Urteils des Landesschiedsgerichtes Rheinland-Pfalz basiere schließlich auf der Frage, ob Mitglieder, die mit ihren Beitragszahlungen in Verzug seien, noch der Partei angehören oder nicht. Träfe die Begründung des Gremiums zu, wären die meisten Ortsverbände der Grünen Saar und vermutlich aller Parteien davon betroffen. Im Übrigen habe das Urteil keine Rechtskraft, da der Landesvorstand Berufung beim Bundesschiedsgericht eingelegt habe. Schließlich verbitte sich der Landesvorstand die »Einmischung in seine inneren Angelegenheiten durch die Bundesgeschäftsführerin Heide Rühle« insbesondere vor dem Hintergrund der Schlichtungsbemühungen des Länderrates und des Landesverbandes der Grünen Saar. Die wiederholten Versuche von Heide Rühle, hier noch »Öl ins Feuer des Konflikts zu gießen«, seien »Teil der Kampagne gegen den pragmatischen Politik-Kurs der Saar-Grünen«. Von einer Bundesgeschäftsführerin müsse in einer derart schwierigen und nicht die Bundespartei direkt betreffenden Angelegenheit Neutralität erwartet werden. Hubert Ulrich sorgte dafür, dass dem Landeshauptausschuss der saarländischen Grünen deshalb eine Resolution zu seinen Gunsten vorgelegt wurde:

»Es gibt keinen vernünftigen Grund, gegen einen Landesvorstand vorzugehen, der auf einer korrekt verlaufenen Delegiertenversammlung mit überwältigender Mehrheit gewählt worden ist und dessen politische Leistungen unzweifelhaft sind (...) Innerhalb von nur zwei Jahren wurden die Grünen Saar zu einer ernst zu nehmenden politischen Kraft im hiesigen Parteienspektrum, der im Fall einer Landtagswahl nach Umfrageergebnissen 7 Prozent der Stimmen zufallen könnten. Entscheidend hierfür waren die bedeutsamen politischen Impulse und neue Orientierung, die in der Wirtschaftspolitik, der Einwanderungspolitik und im ökologischen Profil gesetzt wurden. Auch die zahlreichen kommunalen Mandatsträger/innen profitieren von diesem Vertrauensgewinn, der überall in der Republik die Abkehr von dogmatischen Positionen und die Hinwendung zu einem pragmatischen, realpolitischer Politikstil begleitet. Der Landeshauptausschuss kritisiert das Verhalten der Minderheit im Landesverband, der offensichtlich jedes Mittel recht ist, um den Erfolg der jetzigen Politik zu konterkarieren.«

Erstmal fliegen im saarländischen Landesverband der Partei weiter die Fetzen. Im Juli 1993 müssen die Grünen im Theater am Ring in Saarlouis über eine zweite Amtsperiode des Landesvorsitzenden Hubert Ulrich befinden. Unmittelbar vor diesem Parteitag eskaliert der interne Konflikt. Wegen finanzieller Ungereimtheiten im Saarland beschließt der Länderrat der Grünen, das zweithöchste Parteigremium, während einer Tagung vom 11. bis 13. Juni 1993 die Bundeszuschüsse an den Landesverband in Höhe von 100 000 DM »zu sperren«. Gleichzeitig werden die saarländischen Parteifreunde aufgefordert, »auf der Landesdelegiertenkonferenz am 11. Juli 1993 Maßnahmen zu beschließen, die einen integrativen Kurs des Landesverbandes garantieren«. Neben einer transparenten Etatgestaltung müsse vor allem auch ein »personeller Neuanfang bei der Wahl des Landesvorstandes« erfolgen. Das Gremium droht mit drakonischen Konsequenzen: »Falls diese Maßnahmen nicht erfolgen, wird der Bundesvorstand beauftragt, das Bundesschiedsgericht (...) mit der Amtsenthebung zu beauftragen.« Härtere Sanktionen kann eine Partei nicht bieten. Am 7. Juli 1993 wendet sich Hubert Ulrich deswegen empört an das Bundesschiedsgericht und beklagt, die Bundesgremien verstießen gegen die »Personal- und Satzungsautonomie« des Grünen-Landesverbandes. Ulrich fordert, dem Bundesvorstand und seinen Mitgliedern jeden »weiteren Verstoß« insbesondere »vor, während und nach der Landesversammlung am 11. Juli 1993 zu untersagen«

und für den Fall des Zuwiderhandelns die »Amtsenthebung des Bundesvorstandes oder einzelner Mitglieder desselben« zu verlangen. Auch öffentlich macht der Vorsitzende Druck.

*»Der Landeshauptausschuss kritisiert das Verhalten der Minderheit im Landesverband, der offensichtlich jedes Mittel recht ist, um den Erfolg der jetzigen Politik zu konterkarieren.«*

Gegenüber der Saarbrücker Zeitung kündigt er an: »Wir werden uns einen Teufel darum scheren, was die Bundesschlichter sagen.« Und sein Verbündeter Gabriel Mahren (heute Mitarbeiter einer Stabsstelle zum Klimaschutz in der Saarbrücker Staatskanzlei) warnt die Bonner Parteizentrale: »Es herrscht eine ungeheuere Verärgerung über die Schlichter. Am 11. Juli wird es ein Gewitter geben.« Auch die Ankündigung des Länderrates, notfalls die finanzielle Unterstützung zu streichen, lässt Hubert Ulrich unbeeindruckt: »Wenn der Bundesvorstand uns den 100 000 DM-Zuschuß streicht, wird's zwar schwieriger. Doch mit mehr personellem Einsatz, den wir aus unserer Gründerzeit ohnehin gewohnt sind, geht es normal weiter.«
Die Politische Geschäftsführerin der Bundes-Grünen, Heide Rühle, reagiert prompt auf Ulrichs Vorstoß beim Bundesschiedsgericht und schlägt dort – drei Tage vor dem Saarlouiser Parteitag – verbal zurück. Die »Querelen im Saarland« beschäftigten den Bundesvorstand »notgedrungenermaßen seit gut zwei Jahren«. Rühle sarkastisch: »Gemessen an seiner Mitgliederstärke beziehungsweise seiner politischen Wirksamkeit (zum Beispiel Wahlerfolge) sind diese Auseinandersetzungen völlig überdimensioniert.« Um die Konflikte »einzudämmen und ständigen

Gerüchten über demokratische und finanzielle Missstände den Boden zu entziehen bzw. gegebenenfalls gegen sie vorgehen zu können«, habe der Bundesvorstand »nicht nur zwei unabhängige Schlichtungskommissionen eingesetzt, (...) sondern auch die Bundesrechnungsprüfer mit der Überprüfung beauftragt und auf zwei Länderratsterminen in nicht öffentlicher Sitzung den Tagesordnungspunkt Saarland behandelt«. Da der Bundesvorstand durch Schatzmeister Henry Selzer »indirekt involviert« sei, habe sich die Parteispitze »gleich zu Beginn der unerfreulichen Auseinandersetzungen bemüht, an unabhängige Bundesgremien zu delegieren« – allerdings »ohne Erfolg«. Die Parteigremien hätten jedoch »die Pflicht, auf Verfehlungen zu achten und sie gegebenenfalls zu rügen«.

## Bundesvorstand – gescheiterte Versöhnung

Noch am selben Tag verkündet der Vorsitzende des Bundes-schiedsgerichtes, Johann Müller-Gazurek, ohne mündliche Verhandlung einen Vorbescheid, mit dem er Ulrichs Antrag auf Erlass einer einstweiligen Anordnung abschmettert und die Position der Bundes-Grünen auf ganzer Linie bestätigt. Müller-Gazurek formuliert im Klartext: »Die Verhältnisse im Saarland erregen inzwischen bundesweites Aufsehen und schaden der gesamten Partei. Es gehört daher zu den Pflichten der Organe des Bundesverbandes, um weiteren Schaden nach Möglichkeit abzuwenden, in die Auseinandersetzungen im Landesverband Saar einzugreifen.« So lange dies »politisch im Wege von Appellen, Briefen, Interviews und dergleichen und nicht administrativ erfolgt«, sei »nicht ersichtlich, wie in die Autonomie des Antragstellers (Landesverband Saar, Anm. d. Verf.) eingegriffen werden sollte«. Autonomie bedeute »nicht die Unzulässigkeit politischer Auseinandersetzungen, sondern das Recht zur Regelung der eigenen Angelegenheiten im Rahmen der Ordnung der Gesamtpartei«. Ein beispielloser Vorgang. Kaum ist diese Entscheidung an die Kontrahenten übermittelt, keilt Hubert Ulrich zurück und bezeichnet den Vorbescheid als »willkürlich und nichtig«, da er »nicht im Einvernehmen« mit den Beisitzern des Schiedsgerichtes erfolgt sei. »Unwahr« sei die »durch nichts belegte Unterstellung«, dass »vom Landesverband Probleme auf Bundesverbandsebene ausgingen«. Es sei gerade umgekehrt, der Bundesvorstand »schädigt (...) Bundesverband und Landesverband gleichermaßen«. Die Argumentation des Schiedsgerichtes sei »kafkaesk«. Denn: »Dem wirklichen ›Troublemaker‹ wird auch noch das Recht zur ›Beruhigung‹ (Orwell lässt grüßen!) ausgesprochen.«

Die Aggressionen entladen sich schließlich auf dem Parteitag in Saarlouis. In ihrem Bericht über die Vermittlungsversuche zwischen den völlig zerstrittenen Lagern zieht die als Schlichterin eingesetzte hessische Grünen-Sprecherin Maria Marx ein schonungsloses Fazit. Ein Neuanfang ist nach ihrer Meinung nicht in Sicht, eine Befriedung des Landesverbandes sieht sie »weit entfernt« und befürchtet stattdessen eine »Spaltung« der Partei. Die Delegierte Ulrike Voltmer rügt Hubert Ulrich »als verlogen, da er an einer wirklichen Schlichtung nicht interessiert« sei. Diese Kritik prallt an seinem Fanblock völlig ab. Bei der Wahl zum Landesvorstandssprecher votieren laut Protokoll 114 von 170 Delegierten für Hubert Ulrich. Sein Kontrahent, Pfarrer Jochen Bohl (heute Bischof der evangelischen Landeskirche Sachsen und Stellvertreter von EKD-Chef Nikolaus Schneider), bekommt nur 50 Stimmen. Überraschend gut schneidet dagegen der Homburger Arzt Andreas Pollak ab. Ulrichs damaliger enger Verbündeter und späterer Intimfeind wird als Beisitzer in den Vorstand gewählt – immerhin 111 Delegierte entscheiden sich für ihn. Die

*Berliner Tageszeitung taz* berichtet über den Parteitag mit der Schlagzeile:»Saar-Grüne bleiben auf Konfrontationskurs«. Am Ende seien, so das Blatt, »alle Versuche (...) den seit anderthalb Jahren tobenden Streit bei den saarländischen Grünen beizulegen, kläglich gescheitert«. Dem Bundesverband habe »der alte und neue Landesvorstard gleich den Krieg erklärt«. Sowohl die Schlichterin Maria Marx wie die Politische Geschäftsführerin Heide Rühle »mussten sich sogar den Vergleich mit dem Einmarsch der Roten Armee in Prag 1968 gefallen lassen«. Ausgesprochen habe dies »der mit Zweidrittelmehrheit wiedergewählte Landesvorstandssprecher Hubert Ulrich, der den Ablauf des neunstündigen Parteitages ohne politische Themen fest in Händen hielt«. Mit »der Stimmkarte auf und ab laufend dirigierte er seinen verlässlichen Zwei-Drittel-Block«. Redner der Minderheit werden laut taz »niedergebrüllt«, ihre Anträge allesamt »abgeschmettert«. Den nordrhein-westfälischen Grünen-Landesvorstandssprecher Wolfgang Schmitt, ebenfalls als Schlichter eingesetzt, zitiert die taz mit dem bitteren Satz:»Wir sind hier systematisch belogen worden.« Nur einen Tag nach dem turbulenten Parteitreffer in Saarlouis schreibt Inge Gottstein, Rechnungsprüferin der Partei, einen scharfen Brief an die Mitglieder im Bundesfinanzrat und im Bundesvorstand. Darin attackiert sie den saarländischen Landesschatzmeister Josef Dörr. Der habe einen seit längerem angekündigten Bericht eines Wirtschaftsprüfers nur »verlesen« – statt vorgelegt. Auch der Bericht der Landes-Rechnungsprüfer sei »ohne detaillierte Angaben mündlich vorgetragen« worden. Lediglich aufgrund von »diesen Fragmenten wurde dann der Versammlung die Entlastung des Vorstandes abverlangt«. Inge Gottstein:»Da den Delegierten keine schriftlichen Unterlagen vorlagen, führt eine derartige Darstellung in der Öffentlichkeit zu Reaktionen, die die verhärteten Positionen eher verstärken als abbauen.« Empört berichtet die Finanzkontrolleurin, die entscheidenden Gremien der Bundespartei seien auf dem Treffen »laufend in einer Skala von persönlichen Angriffen über Ignoranz von Vorgaben bis hin zur Nichteinhaltung von zweiseitig unterschriebenen Absprachen diffamiert« worden. Für Gottstein »war erschreckend, wie in diesem Landesverband Demokratie mit Füßen getreten wird, ca. ein Drittel der Delegierten wurde permanent niedergestimmt«. In persönlichen Gesprächen hätten Mitglieder »geäußert, dass sowohl Abgeordnete als auch Kreisverbände nicht mehr gewillt sind, unter dieser Konstellation den Landesverband finanziell zu unterstützen und die Gelder direkt an den Bundesverband zahlen möchten«. Ihr Fazit: »Persönlich fühle ich mich nicht betroffen, denke nur, dass der Bundesfinanzrat daraus Konsequenzen ziehen muss. Ich bitte deshalb, die DM 100 000 nicht auszuzahlen.« Eine Position, die von der Bundespartei nicht durchgehalten wird. Letztlich fließt das Geld wieder.

Auf diesem Parteitag offenbart sich jedenfalls erstmals auch nach außen erkennbar, dass Hubert Ulrich auf dem Weg zum Berufspolitiker ist. Als kritische Nachfragen nach seiner monatlichen Aufwandsentschädigung von 1 000 DM laut werden, die er – anders als seine Vorgänger/innen – als Landesvorsitzender erhält, werfen sich seine Anhänger schützend vor ihn und verweisen darauf, dieser Betrag sei vom Landesvorstand beschlossen worden und er sei damit der Vorstandssprecher »mit der geringsten Aufwandsentschädigung in den westlichen Bundesländern«. Sicherheitshalber beantragt der Delegierte Patrick Müller, das Vorstandssalär für Hubert Ulrich sollte auch vom Parteitag »ordentlich beschlossen werden, damit keine Ungereimtheiten verbleiben«. Das Gegenargument, dafür sei »nicht ausreichend Geld vorhanden«, verpufft wirkungslos.

Acht Monate nach dieser spektakulären Delegiertenkonferenz in Saarlouis triumphiert der Parteichef auch im Konflikt um die Entscheidung des rheinland-pfälzischen Schiedsgerichtes, das seine erste Wahl zum Landesvorsitzenden 1991 wegen angeblicher Manipulationen des Delegiertenschlüssels als rechtswidrig kassiert hat. Das Bundesschiedsgericht hebt diesen Beschluss am 18. Dezember 1993 auf. Faktisch spielt der Spruch zwar keine Rolle mehr, da er durch Ulrichs Wiederwahl im April 1993 obsolet ist – aber psychologisch kommt er dem grünen Saar-Matador sehr gelegen. Das Bundesschiedsgericht, das ihm bis dahin nicht sonderlich wohlgesonnen scheint, wischt die Argumente der Rheinland-Pfälzer erstaunlich lakonisch beiseite. Bei der Zusammensetzung der Delegierten im Juni 1991 sei es korrekt zugegangen. Denn die Diskrepanz zwischen zahlenden (400) und nichtzahlenden Mitgliedern (276) sei unerheblich. Alle damals eingeschriebenen 676 Parteiangehörige hätten »sogar zwingend« bei der Berechnung des Delegiertenschlüssels berücksichtigt werden müssen. Die Begründung des Bundesschiedsgerichtes löst Genugtuung im Ulrich-Lager aus:

»Alle Mitglieder der Partei, egal, ob sie ihren Beitrag bezahlt haben oder nicht, sind vollwertige Mitglieder und bei der Berechnung des Delegiertenschlüssels zugrundezulegen. Der vom Landesschiedsgericht zitierte § 4 Absatz 3 der Satzung des Landesverbandes Saar legt in Übereinstimmung mit dem Parteiengesetz und der Bundessatzung fest, dass ein Mitglied aus der Mitgliedsliste gestrichen werden *kann*, wenn es mit seinen Beitragszahlungen länger als drei Monate im Rückstand ist und nach zwei schriftlichen Mahnungen innerhalb eines Monats keine Zahlung leistet. Dies bedeutet im Umkehrschluss, dass ein Mitglied, auch wenn es keinen Beitrag gezahlt hat, solange Mitglied bleibt, wie das dort festgelegte Verfahren der zweimaligen schriftlichen Mahnung nicht durchgeführt wurde. Dass dies geschehen ist, hat nicht einmal der Antragsteller (Matthias Labouvie, Anm. d. Verf.) selbst behauptet. Es ist daher nicht ersichtlich, was an der Zusammensetzung der LDK vom 16.06.1991 satzungswidrig gewesen sein sollte, so dass eine Verletzung von

Rechten des Antragstellers, wie etwa eines geringeren Zählwertes seiner Stimme als bei einem satzungsgerechten Verfahren, nicht in Betracht kommt.«

Das Bundesschiedsgericht weicht mit seiner Begründung allerdings der brisanten Frage aus, wie lange ein Parteivorstand beitragssäumige Mitglieder ohne Zwangsmaßnahmen akzeptieren darf – nach der eigenen Entscheidung theoretisch lebenslänglich. Damit wäre die Bildung einer beliebig großen Hausmacht innerhalb der Gliederungen des Verbandes möglich, was zu völlig verzerrten Gewichtungen in der Partei führen würde. Vergeblich versuchen Ulrichs Kritiker, die tatsächlichen Zahlen aufzudecken, denn sie vermuten, wie schon bei seiner ersten Wahl zum Vorsitzenden 1991, flächendeckende Manipulationen. Etwa jedes vierte Grünen-Mitglied zahlt gar keinen Beitrag, andere müssen nur einen sehr kleinen Obolus entrichten. Forderungen nach Offenlegung der Mitgliederzahlen blockt Ulrich ab. Stets führt er dabei den Datenschutz als Argument an. Er verstehe es nur allzu gut, wenn ein Handwerker nicht wolle, dass seine Mitgliedschaft offenbar wird. Denn für einen Mittelständler könne es »negative wirtschaftliche Folgen« haben, wenn herauskomme, dass er sich bei den Grünen engagiert. Als Ulrich sechzehn Jahre später die Jamaika-Koalition zimmert, nennt der Grünen-Europaabgeordnete Daniel Cohn-Bendit ihn gerade wegen der Organisation solch undurchsichtiger Mehrheitsstrukturen einen »Mafioso«. Dass die Mitgliederverwaltung Mängel aufweist, belegt ein besonders kurioser Fall. So erhalten ausgerechnet die Tochter und der Sohn der saarländischen Linken-Landtagsabgeordneten Dagmar Ensch-Engel noch im Herbst 2010 Einladungen zu Versammlungen der Grünen Jugend, obwohl sie schon Jahre zuvor ausgetreten sind.

Die Atmosphäre im saarländischen Landesverband bleibt vergiftet. In einem Brief an den Bundesvorstand der Partei vom

Auszug aus: Brief von Irmgard Jochum an den Grünen Bundesvorstand,
21.3.1994.

21. März 1994 beklagen sich Jochen Bohl und Irmgard Jochum,
zwei namhafte Kritiker von Hubert Ulrich:»Die Lage bei den
Bündnisgrünen im Saarland hat sich nach der letzten Landesdelegiertenkonferenz so außerordentlich verschlechtert, dass
wir uns genötigt sehen, Euch davon in Kenntnis zu setzen. Die
(...) Landesdelegiertenkonferenz am 13. März 1994 in Saarlouis
hat die Hoffnungen auf Wiederherstellung von Politikfähigkeit
dieses Landesverbandes und auf fairen Umgang miteinander
fast gänzlich zerstört.« Die Minderheit sei »auf der ganzen Linie
ausgegrenzt und niedergestimmt« worden. Und weiter:»Ein Ent-
wurf zu einer Wahlordnung wurde den Delegierten vier Tage vor
der Landesdelegiertenkonferenz zugesandt. Neben tiefgreifen-
den Einschnitten in die Rechte der Kreisverbände und anderen
Ungereimtheiten wies sie die Abschaffung des Frauenstatuts für
den einzigen aussichtsreichen Platz eins auf. Trotzdem wurde sie
beschlossen. Bei der Aufstellung der Kandidaten für die Landesliste zur Bundestagswahl wurde das saarländische beziehungsweise das Bundes-Frauenstatut völlig missachtet. Sämtliche Einwände wurden qua Abstimmung abgebügelt und Hubert Ulrich

als Spitzenkandidat nominiert.« Und »trotz schwierigster Haushaltslage« erlaube man sich »auch weiterhin die Bezahlung aller 11 Landesvorstandsmitglieder mit 200 DM monatlich mit Ausnahme von Hubert, der wegen seines ›außergewöhnlichen Einsatzes‹ (Mitgliederwerbung) 1000 DM erhält«.

## Ulrich forderte Rücktritt von Trittin

Ein halbes Jahr später, im September 1994, rücken die Saar-Grünen in den Fokus überregionaler Medien. Jakob Augstein macht sich für die Süddeutsche Zeitung auf den Weg nach Saarbrücken. Am 16. Oktober wird dort der Landtag gewählt, zeitgleich mit den Bundestagswahlen. Auszug Augstein:

»Ein lautstarker Zwischenrufer meldet sich zu Wort: ›Mensch Joschka, du lässt dir doch von dem die Flasche geben!‹ Das findet der hessische Umweltminister Fischer nun ganz und gar nicht lustig: ›Sie haben wohl die falsche Brille auf. Mir gibt keiner die Flasche – und wenn das einer versucht, dann sollen Sie mal sehen, wie ich dem einen Schnuller verpasse.‹ Die saarländischen Grünen sind zufrieden. Hat sich gelohnt, den Joschka nach Saarbrücken einzuladen. In der zum Kulturzentrum umfunktionierten alten Ford-Garage in der Saarbrücker Altstadt sitzen mindestens fünfhundert potentielle Grün-Wähler und freuen sich über den wortgewandten Alt-Öko aus Wiesbaden. Der dem Fischer da angeblich die Flasche geben will, ist Bundesumweltminister Klaus Töpfer, und der Zwischenrufer hat Unrecht: Töpfer legt es gar nicht auf einen Streit mit dem Grünen an. Der CDU-Minister fühlt sich vor dem jungen Publikum und mit seinem Gegenüber sichtlich wohl. Immer wieder wechselt das Gespräch vom ministeriellen ›Sie‹ zum vertrauten ›Du‹ zwischen den beiden Männern, die schon Dutzende. Fischer meint sogar: mindestens fünfhundert solcher Streitgespräche über Kernkraft und Verkehrspolitik, Energiewende und ökologischen Umbau der Industriegesellschaft geführt haben. ›Es ist immer wieder eine Freude, mit Fischer zu reden‹, sagt der Bundesumweltminister über seinen Landeskollegen nachher, und man glaubt ihm, dass er es so meint. Aber außerdem ist Töpfer auch im Wahlkampf

*»Für die Grünen gibt es keine Verpflichtung, Koalitionen nur mit der SPD einzugehen.«*

und auf Brautschau. Am 16. Oktober will der Landesvorsitzende der saarländischen CDU die absolute Mehrheit der Sozialdemokraten brechen und selbst die Regierung übernehmen. Die Chancen dafür sind klein, aber wenn überhaupt, dann wird es nur mit den Grünen gehen. Schon vor einem Jahr hatte Töpfer in einem SZ-Interview (gemeint ist die Süddeutsche Zeitung, Anm. d. Verf.) die Grünen für ihre Verlässlichkeit gelobt und ›punktuelle Zusammenarbeit ohne Einschränkung‹ bejaht. (…) Ulrich hofft auf die Rolle, die früher einmal die Liberalen gespielt hatten: das Zünglein an der Waage; umworbener Dritter, ohne den keine der beiden großen Parteien ans Ruder kommt.«

Es reicht nicht für eine grüne Regierungsbeteiligung. Lafontaines SPD verteidigt zum dritten Mal die absolute Mehrheit, mit 49,4 Prozent allerdings deutlich knapper als fünf Jahre zuvor (54,4 Prozent). Immerhin: Fünfzehn Jahre nach Parteigründung schaffen es die Grünen im Saarland erstmals in den Landtag – wenn auch nur mit eher mageren 5,5 Prozent. Jetzt gehören sie dazu.

In der Opposition gegen Oskar Lafontaine lernen sich Hubert Ulrich und der CDU-Fraktionsvorsitzende Peter Müller näher kennen. Müller löst 1995 Bundesumweltminister Klaus Töpfer als CDU-Landesvorsitzender ab. Bei einem politischen Streitgespräch auf dem Landestag der Jungen Union des Saarlandes im November 1997 in St. Wendel schließen die beiden ein schwarzgrünes Bündnis ausdrücklich nicht aus. Hubert Ulrich: »Für die Grünen gibt es keine Verpflichtung, Koalitionen nur mit der SPD einzugehen.« Und Peter Müller sekundiert: »Unser gemeinsames Problem sitzt in der Staatskanzlei.« Die Grünen unter Ulrich sind derart realpolitisch unterwegs, dass der Parteivorsitzende es sich locker erlauben kann zu sagen: »Zwar gibt es programmatisch eine größere Schnittmenge mit der SPD, aber wirtschaftspolitisch steht uns die CDU näher.« So wundert es kaum, als im November 1998 Wolfgang Schäuble, damals Vorsitzender der CDU-Bundestagsfraktion, für Aufsehen sorgt, als er für eine schwarz-grüne Koalition an der Saar plädiert. Die Süddeutsche Zeitung zitiert Hubert Ulrich mit der süffisanten Anmerkung, die CDU versuche sich den Grünen im Saarland »regelrecht aufzudrängen«.

Die Nähe zur Union dokumentierte Ulrich bereits einige Monate zuvor – allerdings bei einem historischen Thema: der Nazi-Vergangenheit. Bei einer Demonstration gegen ein öffentliches Rekrutengelöbnis am 10. Juni 1998 in Berlin warf der Sprecher der Bundes-Grünen, Jürgen Trittin, dem damaligen CDU-Verteidigungsminister Volker Rühe vor, die Bundeswehr mit der Veranstaltung am Jahrestag des Massakers von Lidice in die Tradition der Wehrmacht zu stellen. Gestapo und SS ermordeten und verschleppten 1942 alle Einwohner des tschechischen Dorfes. Konservative Grüne, darunter Hubert Ulrich, beeilen sich, gemeinsam mit Christdemokraten, Trittin zum Rücktritt aufzufordern. Aus jener Zeit rührt die kalte Distanz zwischen den beiden, die noch fünfzehn Jahre später deutlich wird, als Jürgen Trittin das schwarz-gelb-grüne Bündnis im Saarland als lokalpolitische Verirrung abtut: »Diese Jamaika-Koalition ist kein Modell, weder für andere Länder noch für den Bund.«

Lange, bevor es soweit ist, geschieht im Saarland etwas völlig Unerwartetes, was nicht nur den Parteichef persönlich schwer in die Bredouille bringt, sondern den Grünen-Landesverband

um Jahre zurückwirft. Hubert Ulrich stürzt über eine selbst-
verschuldete Affäre. Am 20. Februar berichten Der Spiegel und
die Saarbrücker Zeitung über die trickreiche Autobeschaffung
des Fraktionsvorsitzenden, der sein Amt offenbar als günstige
Einkaufsquelle nutzt: Ulrich ein parlamentarischer Schnäpp-
chenjäger – zum Teil auf Kosten der Steuerzahler. Es geht um
die Verquickung von *privat* und *dienstlich*. Wie viele andere
Autokonzerne bietet das Ford-Werk in Saarlouis, in dem Ulrich
einst Werkzeugmacher gelernt hat, Fraktionen und Behörden
im Saarland Sonderkonditionen bis zu 30 Prozent an. Voraussetzung: Die Fahrzeuge müssen mindestens sechs Monate auf die
Behörde oder die Fraktion zugelassen sein und dürfen in dieser Zeit nicht weiterverkauft werden. Die Grünen im saarländischen Landtag halten sich nicht an diese Regel. Sie reichen vier
mit Sonderzubehör ausgestattete Ford Mondeos zwischen März
1995 und Februar 1999 ohne Aufschlag direkt an Ulrich weiter, der sie seinerseits nach kurzer Zeit veräußert. In einem Fall
sogar mit Aufpreis. Einen im März 1998 erworbenen Mondeo,
Einkaufspreis: 26 810 DM, verkauft er schon im Juli an einen
Landtagsmitarbeiter für 27 000 DM. Diesen Betrag begründet
der Fraktionsvorsitzende damit, er habe immerhin neue Fuß-
matten gekauft. Das Cleverle aus Saarlouis verschafft sich neben
dem extrem günstigen Einkaufspreis noch zwei weitere beachtliche finanzielle Vorteile bei dem Autodeal. So kann er vier Jahre
lang monatlich rund 800 DM Kilometerpauschale vom Landtag
kassieren. Würde er einen Dienstwagen nutzen, wie die anderen Fraktionschefs, stünde ihm dieser Betrag nicht zu, außerdem müsste er den geldwerten Vorteil versteuern. Selbstkritik
ist seine Sache jedoch nicht. Als die Geschichte öffentlich wird,
behauptet er kühn, die Deals seien mit Ford und dem Landesrechnungshof abgesprochen. Peinlich für ihn: beide bestreiten
dies laut Der Spiegel entschieden.

Die Affäre erwischt Ulrich kalt. Er sah sich im Geist schon auf weitere fünf Jahre als Frontmann im Landtag, haben ihn die Grünen doch erst im Januar 1999 auf einem Landesparteitag erneut auf Platz eins der Landesliste gesetzt – gegen alle parteiinternen Regeln. Denn diese Position ist gemäß der Frauenquote eigentlich einer Frau vorbehalten. Für die Ausnahme stimmen – auf Druck von Ulrich und seiner Clique – auch die Frauen aus Saarlouis, sie haben sich selbst das Recht genommen, den Spitzenplatz zu besetzen. Und jetzt das! Ulrich entschließt sich zu einem Teilrückzug – zwei Tage nach Bekanntwerden des Skandals legt er zwar sein Amt als Landesvorsitzender nieder und verzichtet auf die Spitzenkandidatur bei der kommenden Wahl, hält aber erstmal an seiner Rolle als Fraktionschef fest, darüber werde noch entschieden. In der Mini-Fraktion fliegen die Fetzen, es kommen Vorwürfe hoch, die dem ohnehin schon extrem peinlichen Fall zusätzliche politische Brisanz verleihen. Die Grünen-Abgeordnete Gabriele Bozok, stellvertretende Fraktionsvorsitzende, erhebt schwerste Vorwürfe, Ulrich habe versucht, sie zu »erpressen«. Er habe sie am 12. Februar 1999, wenige Tage vor den Veröffentlichungen, angerufen und von ihr verlangt, Journalisten gegenüber zu verschweigen, dass sie über drei der vier Autoverkäufe an Ulrich nicht von der Fraktion informiert worden sei. Nur ein Fall, der Autokauf 1995, ist laut Bozok formal durch einen Fraktionsbeschluss abgedeckt. Dies bestätigt auch der dritte Grünen-Abgeordnete im Bunde: Andreas Pollak. Sollte sie reden, habe der Fraktionschef ihr gedroht, sei ihre Landtagskandidatur gefährdet. Bozok: »Ich sollte ihn decken.« Ulrich weist die Vorwürfe freilich weit von sich: »Ich erpresse nicht.« Er habe sich sogar selber dafür stark gemacht, dass Gabriele Bozok in Saarbrücken »erneut Spitzenkandidatin werden soll«. Sie wird es nicht – und bleibt auch elf Jahre später bei ihren Anschuldigungen. Der Fraktionschef räumt zwar ein, bei der Autogeschichte sei »geschludert« und »geschlampt« worden. Aber er habe keinen Profit gemacht, sondern sogar noch »draufgelegt«. Diese spezielle Art von dreistem Selbstmitleid bringt alte Gegner wieder auf den Plan, die ihren Widerstand schon weitgehend aufgegeben hatten. Jetzt kommen all die Gerüchte über Manipulationen bei der Delegiertenzusammensetzung auf den Parteitagen der Grünen erneut hoch und bringen die Partei ein dreiviertel Jahr vor der Landtagswahl mächtig in die Defensive.

Dennoch schafft es Ulrich, sich zumindest als Fraktionsvorsitzender bis zum Ende der Legislaturperiode zu behaupten. Während das Verhältnis zwischen Gabriele Bozok und ihm völlig zerrüttet ist, erfährt er überraschende Unterstützung von einem Mann, mit dem er einst eng zusammengearbeitet hat, den er aber unterdessen als Gegner massiv bekämpft und am liebsten schon längst aus der Partei geworfen hätte: der Homburger Arzt Andreas Pollak. Der hat den Grünen gleich zweimal verschwiegen, dass er mit dem Strafgesetz kollidiert ist. Bei seiner Kandidatur für den Landtag, in den er gemeinsam mit Hubert Ulrich und Gabriele Bozok 1994 erstmals einzieht, gibt er nicht preis, dass er wegen Versicherungsbetrug im Zusammenhang mit fingierten Autounfällen rund drei Jahre im Gefängnis verbracht hat. 1997 wird er dabei erwischt, wie er in einem Baumarkt drei Badematten an der Kasse vorbeischmuggeln will. Das Ermittlungsverfahren gegen ihn wird erst nach Zahlung einer Auflage von 10 000 DM eingestellt. Auch diese Episode behält Pollak für sich. Er sei kein Dieb. Als die Geschichte auffliegt, ist seine Glaubwürdigkeit in der Partei schwer angeschlagen, gegen ihn wird ein Ausschlussverfahren eingeleitet. Dennoch springt der Mediziner, der zehn Jahre später von Ulrich als einer der Gründe genannt wird, warum er gegen Rot-Rot-Grün ist, dem grünen Anführer bei und wählt ihn noch einmal zum Fraktionsvorsitzenden. Im saarländischen Landtag genügen schon zwei Abgeordnete für die Bildung einer Fraktion – einmalig in Deutschland. Die Sonderregelung haben die Grünen den Sozialdemokraten zu verdanken. In deren Amtszeit wird das Gesetz im Landtag geändert. Ursprünglich sind mindestens drei Parlamentarier erforderlich, um den privilegierten Fraktionsstatus zu erhalten. Leo Stefan Schmitt, langjähriger SPD-Landtagsabgeordneter und parlamentarischer Geschäftsführer der SPD-Fraktion in Saarbrücken, organisiert in den Neunzigerjahren eine Mehrheit dafür, dass aus einer Drei im »Rechtsstellungsgesetz«, in dem unter anderem die Fraktionsgröße geregelt ist, eine Zwei wird. Schmitt, der im Juli 2007 zur Linkspartei wechselt und heute Geschäftsführer der Fraktion in der Bremer Bürgerschaft ist, erinnert sich: »Reinhard Klimmt wollte sich damit die Grünen für eine mögliche Koalition warm halten.« Die öffentlich kaum wahrgenommene Gesetzesänderung, die auch von der CDU in ihren Regierungsjahren nicht rückgängig gemacht wird, entfaltet für den Grünen-Chef eine äußerst segensreiche finanzielle Wirkung: Als seine Fraktionskollegin Barbara Spaniol, Ehefrau von Andreas Pollak, am 6. August 2007 die Partei verlässt und zur Linken wechselt, verlieren Hubert Ulrich und Claudia Willger-Lambert nicht den Fraktionsstatus. Ulrich kann weiter die doppelte Diät kassieren. In zwei Jahren immerhin rund 100 000 Euro. Pollak verursacht übrigens im Jahr 2010 erneut Negativschlagzeilen: Vor dem Saarbrücker Landgericht muss sich der Mediziner wegen Abrechnungsbetruges verantworten. Im schlimmsten Fall droht ihm eine mehrjährige Haftstrafe.

## Wahlkampf – Schwarztee und Einkaufschips

Im Frühjahr 1999 geht es erstmal darum, wie die Grünen sich für die bevorstehende Landtagswahl aufstellen. Ulrich hält sich aus strategischen Gründen zurück, sorgt aber dafür, dass die Weichen in seinem Sinn gestellt werden. Nachfolger als Landes-

Auszug aus: Brief einiger saarländischer Grünen-Politiker an Renate
Künast, Saarbrücken, 28.9.00.

vorsitzender wird einer seiner Verbündeten: der Ökonom
Christian Molitor, gutbezahlter wissenschaftlicher Mitarbeiter
der Grünen-Landtagsfraktion, Vertreter des Realoflügels und
Mitglied in Ulrichs Heimatort verband Saarlouis. Das Land-
tagstrio Gabriele Bozok, Andreas Pollak und Hubert Ulrich, gern
auch als »Trio infernale« verspottet, macht sich kurz vor der Landtagswahl öffentlich rar. Die Partei soll nicht weiter kompromit-
tiert werden. Am 17. August berichtet die Saarbrücker Zeitung:
»Von der amtierenden Mini-Fraktion der Bündnis-Grünen wagte
sich gestern kein Parlamentarier vor die Journalistenrunde.« Die
drei schickten »ihren derzeitigen Mitarbeiter, Landesvorstandssprecher und Spitzenkandidaten Christian Molitor auf den Platz
vor den Kameras und Mikrofonen«. Dort schwankt der smarte
Ulrich-Nachfolger, ob er sich wenige Tage vor der Landtagswahl am 5. September noch für eine Koalitionsaussage zugunsten der SPD entscheiden soll. Kein Thema ist für ihn angeblich
eine Kooperation mit den Christdemokraten, deren Chef Peter
Müller habe sich »vom liberalen Flügel der CDU abgemeldet«. Irgendwann in den Folgejahren muss er wohl wieder angewachsen

sein – jedenfalls aus Sicht von Hubert Ulrich, Nachfolger seines Nachfolgers.

Der Versuch, das selbst verschuldete Desaster politisch zu überleben, scheitert. Vergeblich stecken die Grünen im Sommer 1999 mehr als 430 000 DM in einen eher konventionell geführten Wahlkampf, in dem sie Werbegeschenke wie die Volksparteien einsetzen. Etwa 13 000 Proben »Schwarztee Vanille à 0,42 Mark« vom »Versand für die sinnliche Erotik der Frau« oder 10 000 »Einkaufswagen-Chips mit Halter und Gliederkette«. Auch musikalisch bedienen die Wahlkämpfer eher den Massengeschmack. Gebucht werden beispielsweise die sächsisch singenden *Ö La Palöma Boys*, die für sechs Songs an einem Abend 15 000 DM netto bekommen. Anschauliche Beispiele für die nutzlose Versenkung von Wahlkampfmitteln. Die Grünen werden mit 3,2 Prozent wieder einmal marginalisiert. Das Geld hätte der Partei auf einem Festgeldkonto sicher nachhaltigeren Nutzen gebracht.

Finanziell unter Druck geraten, lösen die Grünen nur wenige Wochen nach der Wahl sogar den Ökofonds auf, ein hauptsächlich aus überregionalen Spenden von Abgeordneten gespeister Sonderetat, aus dem laut Satzung jahrelang Initiativen und Projekte außerhalb der Partei finanziert werden. Im Saarland sind im Herbst 1999 immerhin noch rund 80 000 DM auf dem Ökofonds-Konto. Im Oktober wird die gesamte Summe – offiziell zunächst in Form eines Darlehens – an die Partei transferiert und verschwindet bald endgültig im Haushalt des Landesverbandes. Kein Cent fließt zurück, 2003 wird der Fonds endgültig aufgelöst. In der alternativen Szene führt der finanzielle Coup damals zu einem massiven Ansehensverlust der Grünen. Er wird ihnen als schwerer Verstoß gegen Grundsätze der Öko-Partei angelastet. In einem auch von Simone Peter unterzeichneten Brief an Renate Künast wird der Mitteltransfer im September 2000 als »satzungswidrige Zuführung (...) auf das Konto des Landesverbandes« scharf kritisiert.

Die Wahlniederlage ist erst ein paar Monate alt, da geht das Hauen und Stechen in der Partei schon weiter. Bei einem Parteitag Ende November 1999 im Kulturhaus von St. Ingbert-Rentrisch bezichtigen sich die abgewählten Landtagsabgeordneten Gabriele Bozok, Andreas Pollak und Hubert Ulrich wechselseitig, die Partei um größere Geldbeträge geprellt zu haben. Sie haben offenbar in den letzten Monaten im Parlament einen Beschluss der Partei ignoriert, der sie verpflichtet, 15 Prozent ihrer Diäten plus weitere 500 DM monatlich an die Grünen-Kasse abzuführen. Angeblich fehlen rund 100 000 DM. Die Saarbrücker Zeitung berichtet am 29. November 1999 unter der Überschrift »Wunden lecken und Schuldvorwürfe«, über »gegenseitige Schuldzuweisungen und Erklärungsversuche, warum Geld zurückbehalten wurde«. Hubert Ulrich versichert demnach, »er wolle nichts schuldig bleiben«. Andreas Pollak wiederum behauptet, »er habe 20 000 Mark in den Wahlkampf gesteckt, sei aber zahlungsbereit«. Gabriele Bozok erklärt, sie habe nicht mehr gezahlt, »als Skandalnudel Nummer eins Pollak mit Skandalnudel Nummer zwei Ulrich diesen zum Fraktionschef gewählt hatte«. Die Berliner taz meldet, Ulrich habe dem Vorstand Verhandlungen »über die Nachzahlung von 50 000 bis 60 000 Mark angeboten«. Auf Nachfrage des Autors lässt der Grüne im November 2010 erklären: »Die Partei hat gegenüber Hubert Ulrich keine offenen Forderungen.« Der Fraktionschef habe »ungeachtet der Tatsache, dass auch Höhe und Umfang der Abführungen im Jahr 1999/2000 höchst umstritten waren, ab dem Jahr 2001 kontinuierlich jährlich Spenden in Höhe von jeweils mehreren tausend Euro zusätzlich zu seinen sonstigen Beiträgen geleistet«. Auch heute noch zahle der Parteichef »mehrere tausend Euro mehr an die Partei, als er aufgrund der Abführungsvereinbarung leisten müsste«. Jegliche Forderungen aus den Neunzigerjahren könnten »damit zwischenzeitlich als über-kompensiert gelten«. Eine konkrete Zahl nennt Hubert Ulrich jedoch nicht. Das Sprecher-Duo Irmgard Jochum und Christian Molitor zieht damals eine selbstkritische Bilanz. Mit dem bisherigen Politikstil könne es »nicht mehr weitergehen«, sagt Molitor. Und Irmgard Jochum plädiert dafür: »Wir müssen uns ändern, um uns treu zu bleiben.« Ein Rückfall in die Wagenburgmentalität »wäre fatal«.

Genau das wird geschehen. Der Streit zwischen den alten Lagern bricht schnell wieder auf. Nur zwei Tage nach dem Parteitag in St. Ingbert berichtet die taz, in Saarlouis sei Hubert Ulrich »schon wieder« als Landesvorsitzender »im Gespräch«. Ex-Bundesschatzmeister Henry Selzer, der sich bald darauf aus der Landespolitik zurückzieht und sich mit einer grün-alternativen Liste, GAL, auf die Kommunalpolitik in seiner saarländischen Heimatgemeinde Weiskirchen beschränkt, nennt das eine »bizarre saarländische Form des Berufspolitikertums«. Für Christian Molitor, den viele in der Partei nur als Statthalter Ulrichs ansehen, ist die Rolle als Vorstandssprecher der Saar-Grünen bald zu Ende. Er wechselt zunächst als Journalist zur *Financial Times* nach Frankfurt und startet dann eine Karriere als Banker in Saarbrücken. Die Psychologin Irmgard Jochum agiert erstmal allein als Landesvorsitzende. Schon nach wenigen Monaten gerät sie unter den Druck des alten Ulrich-Lagers. Hubert Ulrich hat sich zwar formal aus der ersten Reihe zurückgezogen, agiert aber unverdrossen von Saarlouis aus und bereitet sein Comeback vor. Auf dem Weg zurück an die Parteispitze müssen freilich die alten Widersacher entmachtet werden. Zu ihnen gehört auch Jochum. Sie macht sich allein deshalb bei der von den Saarlouiser Grünen angeführten Mehrheitsfraktion im Landesverband unbeliebt, weil sie die undurchsichtigen Mitgliederstrukturen aufklären will. Anfang 2000 startet sie per Postkartenaktion eine parteiinterne Erhebung, mit der die tatsächliche Zahl der Mitglieder erfasst werden soll. Solche Aufklärungsbemühungen haben Hubert Ulrich noch nie gepasst, gefährden sie doch seinen Herrschaftsanspruch – auch wenn er den aus taktischen Gründen vorübergehend etwas kaschiert. Irmgard Jochum wird »parteischädigendes Verhalten« vorgeworfen, sie soll zurücktreten. Gemeinsam mit der damaligen Ulrich-Gegnerin Simone Peter gibt sich die Vorsitzende laut Saarbrücker Zeitung überzeugt, »dass hinter den Kulissen Ex-Vorstands- und Ex-Fraktionschef Hubert Ulrich die Fäden zieht«. In Saarlouis sei »zum Sturm auf den Landesvorstand geblasen worden«. Anfang Juni 2000, kurz vor dem Parteitag, auf dem neue Sprecher gewählt werden sollen, geht Irmgard Jochum davon aus, zu der Konferenz werde »eine handverlesene Truppe« anreisen, zusammengetrommelt von Hubert Ulrich und seinem Noch-Verbündeten Andreas Pollak vom Kreisverband Homburg, der ebenfalls viele Delegierte stellt. Die Grüne sieht ihre Aufklärungsarbeit gefährdet. Sie beklagt »Zwangsmitgliedschaften« in Saarlouis und »finanzielle Verfehlungen«. In einem Delegierten-Brief heißt es, offenbar solle mit einer »brutalst möglichen Polarisierung« der Vorstand übernommen werden.

Am 17. Juni, einen Tag vor der Delegiertenkonferenz in Beckingen, gibt Irmgard Jochum entnervt auf, erklärt ihren Rücktritt. Ihre Begründung: Der Konsens zwischen den Gruppierungen aus Saarlouis (Hubert Ulrich) und Homburg (Andreas Pollak) auf der einen und der Minderheit aus Saarbrücken sei »ohne Not einseitig aufgekündigt worden«. Es sei deutlich geworden, dass Ulrich und Pollak diesen Konsens »lediglich aus wahltaktischen Überlegungen« mitgetragen hätten. Unterstützt wird sie damals noch von den Vorstandsmitgliedern Kajo Breuer, ab 2002 Bürgermeister in Saarbrücken, und Simone Peter. Breuer greift die Allianz Ulrich/Pollak massiv an. In einigen Grünen-Ortsvereinen müsse bezüglich Mitgliederzahlen und Finanzen von »politischem Betrug in großem Stil« gesprochen werden.

Hubert Ulrich verbucht bei dem Parteitag am 18. Juni 2000 einen entscheidenden Erfolg auf dem Weg zurück an die Spitze der saarländischen Grünen. Seine alten Mehrheiten folgen ihm noch, gewählt wird der Gymnasiallehrer Gerold Fischer aus Völklingen, ein Verbündeter von Ulrich. Hinter den Kulissen ist jedoch längst klar, dass auch diese Personalie nur ein kurzes Intermezzo in der Geschichte der Saar-Grünen sein wird. Als die Staatsanwaltschaft Saarbrücken das wegen Ulrichs

Simone Peter

»Autoaffäre« eingeleitete Ermittlungsverfahren 2001 einstellt, ist dies das Signal für die Rückkehr des *Panzers*. Er lässt sich zunächst zum Politischen Geschäftsführer wählen, im Mai 2002 kehrt er als Sprecher an die Spitze des Landesverbandes zurück und wird auf den Kandidatenlisten für Land- und Bundestag auf Platz eins nominiert. Im Oktober 2002 geht er als Abgeordneter nach Berlin. Als die Grünen 2004 mit 5,6 Prozent wieder in den Landtag einziehen, ist Ulrich sofort zur Stelle und übernimmt den Fraktionsvorsitz im Landtag.

Parteitage der saarländischen Grünen sind zu weitgehend diskussionsfreien Abnickveranstaltungen verkümmert. Aber der Zugriff des Vorstandes hat noch ein paar kleine Lücken. Beispiel Merzig: Als Stefan Müller, Befürworter eines rot-rot-grünen Bündnisses dort Ende Oktober 2009 als Delegierter für den entscheidenden Jamaika-Parteitag auf Druck des Landesvorstandes abgewählt wird, vergisst man offenbar in der Eile, dass er noch Delegierter für die Grünen-Bundeskonferenz ist. Dieses Amt behält er. Als er sich jedoch für den Parteitag vom 20. bis 21. November

2010 in Freiburg anmeldet, wird sein Engagement auf eine harte Probe gestellt. Weil die Grünen-Kasse leer sei, würden Übernachtungskosten von rund 150 Euro »ein ziemliches Loch reißen«, schreibt ihm die Partei. So kommt ein Kassenwart auf die trickreiche Idee, wie dies mit Hilfe der Steuerzahler vermieden werden könnte. Er schlägt Stefan Müller schriftlich vor: »Für den Fall, dass Du fahren willst, gäbe es die Möglichkeit einer Verzichtsspende. Das bedeutet, Du verzichtest auf die Erstattung des Betrages durch den KV (Kreisverband, Anm. d. Verf.), erhältst dafür eine Spendenquittung und kannst fünfzig Prozent steuerlich geltend machen. Ich denke, das ist ein guter Kompromiss.« Das findet auch Stefan Müllers Widersacher, der stellvertretende Grünen-Landesvorsitzende und Staatssekretär im Umweltministerium, Klaus Borger. Er lässt seine Parteifreunde wissen: »Bei der knappen Kasse finde ich den Vorschlag einer Verzichtsspende sehr gut, auch deshalb, da ich dies in der Vergangenheit auch schon gemacht hatte bzw. als überzeugter Grüner auch schon ganz auf eigene Kosten angereist bin.« Es ist ein Wink mit dem Zaunpfahl. Falls Stefan Müller nicht zur Bundesdelegiertenkonferenz reist, käme ein Ersatzmann zum Zug: Klaus Borger. Müller aber fährt. Ein Drittel der Kosten zahlt er selbst.

# VON PRAG NACH JAMAIKA

*Wie Christdemokraten und Liberale
eine schlagende Burschenschaft
in Saarbrücken hofieren*

D er Veranstaltungssaal in der geräumigen Villa Am Schmittenberg 30 in Saarbrücken ist bis auf den letzten Stehplatz besetzt. Die Besucher sind einer Einladung zum Neujahrsempfang am 10. Januar 2010 gefolgt. Hauptredner ist Roland Theis, CDU-Landtagsabgeordneter und Generalsekretär der Saar-CDU. Der Jurist spricht über die Bildung der Jamaika-Koalition im Saarland und verteidigt die »Regierungsbildung unter Einschluss der Grünen«. Immer wieder klingt Applaus auf. Vor allem, wenn Theis pathetisch wird: »Wir wollten und wir konnten dieses Land nicht der SPD und ihrem Anhang in die Hände geben. Die SPD an der Saar ist eine linke Vereinigung und ihr Personal nicht regierungsfähig.« Diese Töne kommen offenbar gut an beim Gastgeber und Hausherren – der Mensur schlagenden Burschenschaft Ghibellinia zu Prag Saarbrücken. Laut Selbstdarstellung gehören rund ein Dutzend aktive Studenten und etwa 100 »Alte Herren« der 1880 in Prag gegründeten völkischen Verbindung an, die sich 1959 in Saarbrücken ein neues Domizil wählte. Ihre Losung: »Freiheit, Ehre, Vaterland«. Nach den Regeln ihres

Dachverbandes, der rechten Deutschen Burschenschaft (DB), dürfen nur deutsche Männer Mitglied werden. Die kleine, aber einflussreiche Gruppe verfügt über gute Kontakte zu Wirtschaftskreisen, zur Universität in Saarbrücken – und zur CDU und FDP, den politischen Partnern der Saar-Grünen in der Jamaika-Koalition. Parlamentarier Theis gehört zur Führungsriege im CDU-Landesverband. Er ist Vorsitzender des Untersuchungsausschusses im Landtag, der – auf Antrag von Linken und SPD – den von der Opposition vermuteten Einfluss von Parteispenden des Saarbrücker FDP-Politikers und Großunternehmers Hartmut Ostermann auf die Bildung der Jamaika-Regierung im Saarland durchleuchten soll.

Volker Sperber, Vorsitzender des Altherrenverbandes der Ghibellinia (Slogan: »Verbindungen schaden nur dem, der sie nicht hat.«) versichert zwar zu Beginn des Neujahrsempfangs, die Burschenschaft sei »überparteilich«. Sein Stellvertreter Dominique Rossi, ehemaliger Pressesprecher des von Ostermann gesponserten Fußballclubs 1. FC Saarbrücken, schlägt jedoch ganz andere Töne an und verweist stolz auf die »Anstrengungen«, die »zahlreiche Mitglieder der Burschenschaft in den Wahlkämpfen 2009 geleistet« hätten. Rossi, Mitglied im FDP-Kreisverband Saarbrücken: »Wir haben dafür gekämpft, dass es keine Regierungsbeteiligung unter Einschluss der Kommunisten im Saarland gibt. Dieses Minimalziel wurde erreicht.« Der Burschenschafter ist dem liberalen Kreisvorsitzenden Hartmut Ostermann auch im Berufsleben nah – er arbeitet in der Redaktion des seit Herbst 2010 im Konzern des FDP-Politikers erscheinenden Wochenmagazins Forum, das in einer Auflage von rund 20 000 Exemplaren im Saarland kostenlos an Freiberufler, Manager, Verbandsfunktionäre, Kirchenleute, Politiker und Journalisten verteilt wird. Die Abgrenzung seiner verschiedenen Rollen fällt Rossi offenbar schwer. In schriftlichen Erklärungen für die Burschenschaft verwendet er die Mailadresse der Ostermann-Firma Victor's.

CDU-Generalsekretär Theis wird bei seinem Neujahrsauftritt in der Verbindungs-Villa betont hofiert. Mensur-Anhänger Rossi dankt dem Christdemokraten ausdrücklich für seine Bereitschaft, bei der Ghibellinia zu sprechen: »Vielleicht erfordert es heute noch Mut, aber wir arbeiten daran, dass es zur Gewohnheit wird, dass Spitzenpolitiker unser Haus besuchen.« Die völkische, antisemitische Geschichte der Burschenschaft (siehe Kasten) schreckt den konservativen Landespolitiker nicht ab. Deren Klimapflege ist im Gegenteil erfolgreich. Nur vier Monate später ist Roland Theis schon wieder als offizieller Repräsentant der saarländischen Christdemokraten in Sachen Ghibellinia unterwegs, diesmal im großen Saal des Saarbrücker Schlosses. Dort wird am 14. Mai 2010 das »Stiftungsfest« zum 130jährigen Bestehen der Organisation gefeiert. Jamaika-Regierungschef Peter Müller hat sogar die Schirmherrschaft übernommen und schickt ein Grußwort. Der Ministerpräsident dankt der Ghibellinia »ganz herzlich« für »ihr Engagement zur Wahrung gesellschaftlicher, demokratischer und freiheitlicher Werte« und ermuntert sie ausdrücklich, den »eingeschlagenen Weg mit dem gleichen Mut wie bisher weiterzugehen«. Zugleich wünscht er den Burschenschaftern »auch weiterhin eine glückliche Hand bei der Erledigung ihrer wertvollen Aufgaben« sowie »Beharrlichkeit für die kommenden Verpflichtungen«. Die etwa zweihundert Gäste sind sehr angetan vom wohlwollenden Empfang. Roland Theis übermittelt Gratulationen »im Namen der Landesregierung und der CDU-Fraktion« und schmeichelt den Festbesuchern: »Wenn ich sehe, welch honorige Persönlichkeiten sich hier versammelt haben, dann kann ich Ihnen nur Respekt für Ihre Arbeit zollen.« Den Zuhörern gefällt, wie der CDU-Generalsekretär als Verteidiger der deutschen Werte agiert. Laut Selbstdarstellung der Säbel-Fechter im Internet rechnet der »Vertreter des patriotischen CDU-Flügels« in seiner »immer wieder von Beifall unterbrochenen Ansprache« mit der »billigen Polemik der Linkspartei im Saarland« ab.

Theis: »Diejenigen, die ihre Spendenbescheinigung immer noch am Grab von Erich Honecker abholen, sollten sich schämen, dass sie eine Verbindung wie die Ghibellinia unter Extremismusverdacht stellen.« Schließlich überbringt der Unions-Politiker die Grüße des Vorsitzenden der CDU-Landtagsfraktion, Klaus Meiser, und überreicht eine Spende der Fraktion »für die Aktivenarbeit«.

## Nazihymne beim Festkommers

Auch Jamaika-Koalitionspartner FDP steht nicht zurück, wenn es um die Unterstützung für die schlagenden Studenten geht. Sebastian Greiber, Vorsitzender der saarländischen Jungen Liberalen, seit dem 8. Januar 2011 stellvertretender FDP-Landesvorsitzender, ermuntert die Burschenschafter bei dem Fest im Saarbrücker Schloss, sich künftig stärker an der Universität zu engagieren: »Überlassen Sie dieses Feld nicht den Linken.« Und der ehrgeizige Nachwuchspolitiker setzt noch einen drauf. Er erinnert an die Geschichte der Burschenschaft im »Saar-Kampf«. Historisch bezieht sich dieser Begriff auf die Abstimmung über den Anschluss des Saarlandes ans Dritte Reich 1935, manche verwenden ihn auch für die Volksabstimmung 1955, bei der über die Eingliederung in die Bundesrepublik entschieden wurde. Greiber voller Pathos: »Die Flamme der Burschenschaft möge in unserem wunderschönen Saarland auf ewig brennen.« In einem per Facebook verbreiteten Beitrag schildert die schlagende Verbindung den Abschluss der Feier: »Mit dem saarländischen Heimatlied *Deutsch ist die Saar* klang der Festkommers schließlich aus.« Ein erstaunliches Dokument der Selbstentlarvung. Die Anfang der Zwanzigerjahre getextete »Heimathymne«, zugleich eine Kampfansage an Frankreich, ist völkisch hoch kontaminiert. Vor allem die Nationalsozialisten setzten sie im Vorfeld der Saarabstimmung 1935 als Kampflied ein.

Bereits im Frühjahr 2009 trafen sich die Burschenschafter und ihre politischen Unterstützer in Saarbrücken, um ein Jubiläum zu begehen. Der Anlass: Fünfzig Jahre Ghibellinia im Saarland. Die national gesinnten Nachfahren der Prager Korporierten fühlen sich durch die Gräuel-Geschichten der Vergangenheit keineswegs daran gehindert, das Gedächtnis an ihren 1941 gestorbenen Gründer Karl Hermann Wolf wachzuhalten

»Mit dem saarländischen Heimatlied ›Deutsch ist die Saar‹ klang der Festkommers schließlich aus.«

– ein militanter Deutschnationaler, Antisemit, Tschechenhasser und Vorbild des Nazi-Kriegsverbrechers Karl Hermann Frank. In einem Beitrag für die Burschenschaftlichen Blätter, das rechtslastige Organ des Dachverbandes Deutsche Burschenschaften, rühmen ihn die Saarbrücker Ghibellinen Dominique Rossi und Sven Demes als unvergessenen »Vater« der Gründung. Die Verbandszeitschrift, die laut Impressum nicht von einer Redaktion, sondern von einer »Schriftleitung« redigiert wird, bietet auch lebenden Rechtsextremisten öfter eine Plattform. So veröffentlicht sie im Januar 2010 ein Gespräch mit dem sächsischen »Verbandsbruder« und NPD-Landtagsabgeordneten Arne Schimmer, in dem er seine Ansichten umfassend ausbreiten kann.

Bereits anlässlich der Ghibellinia-Jubiläumsfeier im Frühjahr 2009 hat Ministerpräsident Peter Müller kein Problem, in einem Grußwort seine Sympathie zu bekunden. Der damalige CDU-Innenminister Klaus Meiser, nach Bildung der Jamaika-Koalition ein halbes Jahr später wird er Vorsitzender der CDU-Landtagsfraktion, gehört ebenfalls zu den Gratulanten. Laut Selbstdarstellung der Burschenschaft lobt er sie dafür, »dass sie den Studenten bei der Suche nach Orientierung und festen Grundüberzeugungen ein wichtiger Kompass sei«. Meiser wies darauf hin, dass die Farben schwarz-rot-gold, die die Ghibellinia bereits 1880 als die ihren wählte, als Zeichen der Freiheitsbewegung zu Recht zu den Farben des demokratischen Deutschlands geworden seien«. Derartige Zitate belegen allerdings nur eines: Ihre Verfasser verharmlosen die Geschichte der Ghibellinia massiv. Mit der Freiheitsbewegung haben deren Gründer soviel zu tun wie Schließer in einem Hochsicherheitstrakt.

Dennoch macht auch der FDP-Landesvorsitzende Christoph Hartmann bei der Jubiläumsveranstaltung 2009 seine Aufwartung. Er lobt die »integrative Arbeit«, die die Burschenschaft »heute noch leistet, wenn es darum geht, zugezogenen jungen Menschen den schnellen Anschluss in ihrer neuen Umgebung in Saarbrücken zu ermöglichen«. Es sei gerade in der heutigen Zeit äußerst wertvoll, »dass es eine Verbindung gibt, die den ständigen Gedanken- und Meinungsaustausch zulässt und fördert«.
Der FDP-Politiker nutzt die Gelegenheit, noch einen Schritt weiter zu gehen und offenbart ein erstaunliches historisches Verständnis, indem er »die Rolle der Deutschen Burschenschaft während des Saar-Kampfes« in den Fünfzigerjahren würdigt. Hartmann: »Noch heute bekennt sich die saarländische FDP zu ihren Wurzeln in der Demokratischen Partei Saar, die der Wegbereiter für ein deutsches Saarland war, und in der sich viele Burschenschafter engagierten.« Vorsitzender der Demokratischen Partei Saar (DPS) war der ehemalige hochrangige NS-Funktionär Heinrich Schneider. Unter seiner Führung hatte sich die DPS ab 1951 zu einem Sammelbecken für ehemalige NS-Funktionäre entwickelt. Nach 1955 wurde aus dieser Formation der FDP-Landesverband.

Zu jenen, die neben den führenden Repräsentanten der Jamaika-Regierungsparteien CDU und FDP dazu beitragen, die Ideologie der burschenschaftlichen Parallelgesellschaft in bildungs-

CDU-Ministerpräsident Peter Müller –
Grußwort für schlagende Verbindung

bürgerlichen Kreisen zu verbreiten, gehört auch der Präsident
der Saarbrücker Universität, Professor Volker Linneweber.
Der Psychologe hält anlässlich der Feier des 130. Geburtstages der
Verbindung im Saarbrücker Schloss sogar die Festansprache und
»entpuppt sich« laut Darstellung der schlagenden Jungmänner
»als profunder Kenner der Korporationsgeschichte«. In ihrem
Beitrag für die *Burschenschaftlichen Blätter (Heft 2, 2009)*, zitie-
ren die Ghibellinen Dominique Rossi und Sven Demes den Uni-
Präsidenten als Befürworter einer wichtigen Rolle der Korpora-
tionen an der Hochschule: »Die Fähigkeit Netzwerke zu schaffen,
Freundschaften zu pflegen, Beharrlichkeit und Ausdauer zu be-
weisen, das ist es, was eine Verbindung ausmacht. Wir an der
Universität müssen unseren Studenten erst wieder beibringen,
was Sie Ihren Mitgliedern seit nunmehr fünfzig Jahren in Saarbrücken mit auf den Weg geben. Insofern sind Sie ein Vorreiter
der künftigen akademischen Ausbildung.«

Einen Beitrag zur Akzeptanz der Burschenschaft leistet auch der frühere saarländische SPD-Fraktionsvorsitzende und Ministerpräsident Reinhard Klimmt, der zu seinen aktiven Zeiten als Politiker eher dem linken Parteiflügel zugerechnet wurde. Der Historiker hält 2009 die »Festrede«. Sein Publikum freut sich über Sätze wie diesen: »Vielleicht ist es eine Gerechtigkeit der Geschichte, dass die Ghibellinia nach all dem Schmerz über den Verlust der alten Heimat einen festen Platz an der Saar gefunden hat (…) Trauern Sie nicht um die Asche, sondern hüten Sie die Flamme.« Klimmt agiert bei der Ghibellinia zwar nur als Privatmann, anders als sein christdemokratischer Nachfolger in der Staatskanzlei, wird von den Bundesbrüdern aber sehr gern als Aushängeschild benutzt, um die angebliche Überparteilichkeit des Bundes zu belegen.

Auch Richard Bermann, Vorsitzender der Synagogengemeinde Saar, wird von der Burschenschaft auf Nachfrage als Referenz für politische Unbedenklichkeit angeführt. Bermann referierte im November 2008 bei der Ghibellinia über »Jüdisches Leben an der Saar nach 1945«. Anders als Klimmt distanziert er sich mittlerweile klar von der Organisation. Er hatte »von Anfang an gewisse Bedenken«, weil es sich um eine schlagende Verbindung handelt. Deshalb sah er nach, wer bei der Ghibellinia »schon alles als Vortragsredner gesprochen hat«. Dabei entdeckte Bermann »Namen so honoriger Leute wie Reinhard Klimmt, Ministerpräsident a. D. und Detlev Albert, Direktor des Landesamtes für Verfassungsschutz an der Saar, oder den FDP-Politiker Rainer Brüderle«. Gefragt, wie er seinen Auftritt rückwirkend sieht, übt Bermann Selbstkritik: »Mittlerweile bin ich zu der Erkenntnis gekommen, ich hätte es besser bleiben lassen. Heute weiß ich, diese Burschenschaft ist Mitglied im Dachverband ›Deutsche Burschenschaft‹, der zu extrem nationalistischen Tönen neigt und der in seinen Reihen die als rechtsradikal bekannte

Burschenschaft Danubia zählt.« Die, so Bermann, habe »wiederholt Rechtsextremisten wie dem NPD-Funktionär Horst Mahler ein Forum für verfassungsfeindliche Auftritte geboten«. Das alleine hätte »schon gereicht, nicht bei dieser Burschenschaft aufzutreten«. Bermann: »Aus heutiger Sicht hätte ich sorgfältiger recherchieren müssen. Aber damit stehe ich, wie die Liste der Redner zeigt, offensichtlich nicht alleine da.«

---

*»Heute weiß ich, diese Burschenschaft ist Mitglied im Dachverband ›Deutsche Burschenschaft‹, der zu extrem nationalistischen Tönen neigt und der in seinen Reihen die als rechtsradikal bekannte Burschenschaft Danubia zählt.«*

---

Die Einladung bürgerlicher Referenten und namhafter Landespolitiker von CDU und FDP, die Akzeptanz schaffen sollen, ändert nichts daran, dass auch Repräsentanten des äußersten rechten politischen Spektrums offenbar gern als Gäste in der Villa der Saarbrücker Burschenschaft gesehen sind. Von den fünfzehn auf der Ghibellinia-Homepage aufgelisteten Namen können fünf dieser Gruppe zugeordnet werden: Rolf Schlierer, Bundesvorsitzender der Republikaner, der Kölner Rechtsanwalt Markus Beisicht, Mitgründer der vom NRW-Verfassungsschutz als rechtsextrem eingestuften Bürgerbewegung Pro Köln e.V., der FPÖ-Politiker Lutz Weinzinger, der Publizist Bernd Kallina, »Alter Herr« der erzreaktionären Münchner Burschenschaft Danubia, die jahrelang vom bayerischen Verfassungsschutz überwacht wurde, und der frühere Brigadegeneral Reinhard Günzel, ehemaliger Kommandeur des in Afghanistan eingesetzten Kommandos Spezialkräfte, KSK. Günzel wurde im November 2003 von SPD-Verteidigungsminister Peter Struck in den vorzeitigen Ruhestand versetzt, weil er dem wegen einer antisemitischen Rede aus der CDU ausgeschlossenen Bundestagsabgeordneten Martin Hohmann einen Solidaritätsbrief geschrieben hatte. 2007 löste Günzel erneut Wirbel aus, als er in einem Buch eine Verbindung zwischen der KSK und der NS-Sondereinheit Brandenburg zog. Die Einsätze der wegen ihrer besonderen Brutalität berüchtigten Division Brandenburg gelten laut Günzel »in der Truppe als geradezu legendär«. Bereits 1995 beschrieb der General seine Vorstellung von einem guten Untergebenen: »Ich erwarte von meiner Truppe Disziplin wie bei den Spartanern, den Römern oder bei der Waffen-SS.«

Seit 2006 gilt in der SPD die Unvereinbarkeit mit der dem äußersten rechten politischen Rand zugeordneten Burschenschaftlichen Gemeinschaft, BG. Obwohl die Ghibellinia bis zum Jahr 2008 der BG angehörte, störte das den Sozialdemokraten Reinhard Klimmt nicht. Er lasse sich von »niemanden« eine »Kontaktsperre« verordnen. Uni-Präsident Linneweber räumt zwar ein, dass in schlagenden Verbindungen »einzelne Studenten oder auch ›alte Herren‹ dem rechtsextremen Umfeld zuzuordnen sind«, hält es aber dennoch für »unangemessen«, damit »generell die Tätigkeit der Burschenschaften zu verteufeln«. Die Staatskanzlei beruft sich, ebenso wie Ghibellinia-Sprecher Dominique Rossi, auf den Verfassungsschutz. Es gebe »keine Erkenntnisse«, dass die Verbindung »nicht auf dem Boden der freiheitlich demokratischen Grundordnung« stehe. So drückt sich der Jamaika-Regierungschef vor einer klaren persönlichen Haltung zur antisemitischen Geschichte der Burschenschaft. Auf diese Weise wird in Saarbrücken eine Organisation hoffähig gemacht, die ihre völkische Vergangenheit bis heute nicht kritisch aufgearbeitet hat, ihre Verstrickung in den Nazi-Terror in Prag weitgehend verschweigt und sich stattdessen sogar als dessen Opfer geriert.

## »Wir wollen ewig Deutsche sein«
## Die Geschichte der schlagenden Burschenschaft
## Ghibellinia zu Prag Saarbrücken

Gegründet wurde die Ghibellinia zu Prag Saarbrücken 1880 von dem Antisemiten, Tschechen-Hasser und Deutschnationalen Karl Hermann Wolf. In seiner Dissertation über den Nazi-Kriegsverbrecher Karl Hermann Frank, als höherer SS- und Polizeiführer im NS-Reichsprotektorat Böhmen und Mähren unter anderem verantwortlich für die Massaker von Lidice und Lezaky, schreibt der Historiker René Küpper, die Anschauungen des Burschenschafters Wolf hätten »Vorbildcharakter« für den Massenmörder Frank gehabt. Bereits im Mai 1897 habe Wolf von der »kulturellen Minderwertigkeit der Slawen gegenüber den Deutschen« gesprochen und die tschechische Kultur mit jener »der Zulus und Eskimos« verglichen. Zugleich fragte er die Tschechen polemisch, »was sie eigentlich dächten, wenn sie von den Deutschen verlangten, die Sprache eines minderen Volkes zu lernen«. Laut Küpper drohte Wolf im selben Jahr den tschechischen Abgeordneten im Reichsrat: »Wir kommen wieder und schießen euch wie Hunde nieder.«

In der Saarbrücker Staatskanzlei weiß entweder niemand etwas über die militant völkische Geschichte der Prager Burschenschaft oder die rassistische Vergangenheit bedrückt keinen. Anders ist das Grußwort des Ministerpräsidenten anlässlich der 130-Jahr-Feier der Ghibellinia im Mai 2010 nicht zu verstehen. Darin heißt es, den im 19. Jahrhundert gegründeten deutschen Burschenschaften sei »eines gemeinsam und bis heute geblieben: Ihre Mitglieder fühlen sich den Grundwerten Menschlichkeit, Gerechtigkeit, Solidarität und Kollegialität verpflichtet«. Derartige »soziale Verantwortung, praktizierte Solidarität und beherztes Engagement« seien für den »Zusammenhalt einer freien und demokratischen Gesellschaft unverzichtbar«. Dabei verband die deutschnationalen Gründungsburschen der Ghibellinia in Prag vor allem eins: Hass auf Juden und Tschechen und der Drang, die nichtdeutsche Bevölkerung zu unterwerfen. Schon im August 1920, fünfzehn Jahre vor Hitlers Nürnberger Rassegesetzen, erhob der Verfassungsausschuss des Dachverbandes Deutsche Burschenschaft, DB, dem die Ghibellinia angehört, in Eisenach den Antisemitismus zur Regel:»Die Burschenschaft steht auf dem Rassestandpunkt, deshalb dürfen nur deutsche Studenten arischer Abstammung, die sich offen zum Deutschtum bekennen, in die Burschenschaft aufgenommen werden.« Und:»Der Burschentag verpflichtet die einzelnen Burschenschaften, ihre Mitglieder so zu erziehen, dass eine Heirat mit einem jüdischen oder farbigen Weib ausgeschlossen ist, oder dass bei einer solchen Heirat der Betreffende ausscheidet.«

Die Besetzung Prags durch die Nazi-Wehrmacht im März 1939 wird vom Ghibellinia-Bundesbruder Lutz Paulmann im Internet (»Tradition mit Zukunft«) geradezu als Akt der Rettung glorifiziert:»Der Einmarsch der deutschen Truppen befreite die Deutschen von einer ungeheuren Bedrückung.« Deshalb seien die Ghibellinen »nach Auflösung der Burschenschaft« bereit gewesen, »als Kameradschaft ›Peter Parler‹ fortzubestehen« – so umschreibt er die Kooperation mit der Nazi-Organisation. Über die sehr enge Verbindung von Burschenschaftern mit den Nationalsozialisten breitet Paulmann gern den Mantel des Schweigens. So berichtet er beispielsweise von einem »Überfall durch Tschechen« auf den »Bundesbruder Hugo Jury« in Prag. Paulmann:»Auch Jury sollte später großen politischen Einfluss gewinnen.« Was der Ghibellinia-Schwärmer nicht erwähnt: Bereits im Februar 1931 wurde Jury Mitglied der NSDAP, im März 1938 avancierte er zum Minister für soziale Verwaltung. Ab Mai 1938 war er Gauleiter für den Bereich Niederdonau, 1942 wurde der Ghibelline Jury zum SS-Obergruppenführer ernannt.

Erich Später, Geschäftsführer der Heinrich Böll Stiftung in Saarbrücken, Kenner der Strukturen des Nazi-Terrors in Prag, hat in seinem Buch »Villa Waigner – Hanns Martin Schleyer und die deutsche Vernichtungselite in Prag 1939 – 45« (Konkret Literaturverlag) auch die Rolle der deutschen Universität untersucht. Seine Schlussfolgerung:»Seit der Gründung der tschechoslowakischen Republik 1918 ist die deutsche Karls-Universität ein Zentrum der wachsenden nationalistischen und antisemitischen Agitation innerhalb der deutschen Minderheit der CSR. Besonders die radikalen Studentengruppen und Burschenschaften empfinden es als Zumutung und nationale Demütigung, zusammen mit Juden studieren zu müssen.« Später belegt die aufgeheizte Stimmung mit einem bedrückenden Beispiel: »Als der jüdische Professor Samuel Steinherz im Wintersemester 1922/23 zum Rektor der Universität gewählt wird, legen sie mit einem Vorlesungsboykott, mit Kundgebungen und Demonstrationen den Universitätsbetrieb lahm. Die Studenten und ihre Unterstützer fordern: ›Weg mit dem Juden Steinherz! Ein Jude kann nicht Rektor der Deutschen Universität zu Prag sein.‹« Die deutsche Studentenschaft wird laut Später »zu einer Kaderschmiede für die radikalen nationalistischen Bewegungen und Kampfverbände in Deutschland, Österreich und der CSR«. Einer der Hauptaktivisten ist Ghibellinia-Mitgründer Karl Hermann Wolf. Er »radikalisierte unter den Deutschen Böhmen und Mährens den Kampf gegen das ›Tschechentum‹ und organisierte vor allem in den deutschen Burschenschaften der Prager und Wiener Universität den Kampf für die deutsche Vorherrschaft innerhalb Österreich-Ungarns.« Später: »Vor allem die Absolventen der deutschen Karls-Universität tauschten nach der Nazi-Okkupation gern ihren studentischen ›Wichs‹ mit den Ledermänteln der Gestapo und der schwarzen Uniform der SS.«

Die Nazinähe interessiert am Ghibellinia-Jubiläumsabend im Saarbrücker Schloss niemanden. Am Ende der Veranstaltung wird, wie die Organisatoren selber festhalten, *Deutsch ist die Saar* angestimmt. Die Anfang der Zwanzigerjahre geschriebene völkische »Heimathymne« wurde von den Nationalsozialisten im Vorfeld der Saarabstimmung 1935 als zentrales Kampflied eingesetzt. Der Text stammt von dem Lehrer Hanns Maria Lux, der 1941 zum kommissarischen Leiter der Reichsschrifttumskammer im Gau Moselland ernannt wurde. Die Melodievorlage lieferte das Steigerlied, ein im Saarland noch heute oft gespielter Bergmannsmarsch.

Mit dem Stellenwert des Lux-Werkes für die Nationalsozialisten hat sich der Musikwissenschaftler Tobias Widmaier intensiv befasst:»Einen engen Konnex zwischen dem *Horst-Wessel-Lied* und dem *Saarlied* stellte auch das 1934 ›von der Hitlerjugend und der Deutschen Turnerschaft im Saargebiet für den deutschen Kampf‹ herausgegebene Liederbuch Saarvolk singt (Große Ausgabe) her: Unmittelbar auf *Die Fahne hoch* folgt darin das Lux'sche Opus.« Das Musikstück wird laut Widmaier »vielfach als ein dezidiert nationalsozialistisches Werk betrachtet«. Und es wurde auch voller Inbrunst in Anwesenheit von Adolf Hitler gesungen. Etwa bei einer »Saartreuekundgebung« am 27. August 1933 am Niederwalddenkmal bei Rüdesheim im Rheingau, zu der Zehntausende aus dem Saargebiet anreisten.

Nach Kriegsende geriet Lux kurz in französische Besatzungshaft, wurde aber bald entnazifiziert, konnte in Rheinland-Pfalz wieder unterrichten und erhielt auf Anregung des CDU-Ministerpräsidenten Peter Altmeier sogar das Bundesverdienstkreuz 1. Klasse.

Auch bei der Entscheidung 1955 über die Eingliederung des Saarlandes in die Bundesrepublik Deutschland erklangen die vor Pathos triefenden Strophen überall im Land:»Deutsch ist die Saar, deutsch immerdar (...) Deutsch bis zum Grab, Mägdlein und Knab (...) Deutsch schlägt das Herz stets himmelwärts (...) So lasset uns es in den Himmel schrei'n: Wir wollen niemals Knechte sein (...) Wir wollen ewig Deutsche sein!« Besonders in den Reihen der Demokratischen Partei Saar, DPS, unter Vorsitz des ehemaligen hochrangigen saarländischen Nazi-Funktionärs Heinrich Schneider, wurde zehn Jahre nach dem Krieg gern mitgesungen. Nach der gewonnenen Saarabstimmung forcierte Schneider die »Ausmerzung« von »antideutschen Instinkten im öffentlichen Raum«. Unverzüglich wurden Straßen und Plätze, die Namen antifaschistischer Widerstandskämpfer und namhafter Franzosen trugen, umbenannt. Auf sein Drängen wurde etwa im Herbst 1956 eine der großen Verkehrsadern Saarbrückens, benannt nach dem antifaschistischen Sozialdemokraten Max Braun, in Großherzog-Friedrich-Straße zurückgetauft. Schneider sorgte auch mit dafür, dass im Saarland Denkmale des deutschen Militarismus restauriert wurden. Der Jurist, der schon 1931 in die NSDAP eintrat, wurde bald Leiter der Presse- und Rechtsabteilung der Gauleitung der NSDAP Saar und stieg nach 1933 schnell zum Saarreferenten im preußischen Innenministerium auf. Dort gehörte er zu den Organisatoren der von Nationalsozialisten beherrschten Deutschen Front im Abstimmungskampf. In einer an die Saarländer adressierten Propagandaschrift posaunte er: »Das Wort des Führers ist unser Befehl.« Schneider propagierte die »Säuberung des saarländischen Volkskörpers« von Juden und Linken.

Offenbar alles kein Problem für die Burschenschaftsapologeten unter dem amtierenden CDU- und FDP-Spitzenpersonal der Jamaika-Regierung. Kein Wort der Kritik, kein Wort der Distanz. Stattdessen Anbiederung und Lobhudelei.

# POLITISCHE SCHIZOPHRENIE

*Hohe Reisekosten für den Trip nach Jamaika*

Dresden, 11. November 2010, Umweltministerkonferenz im Vier-Sterne-Hotel Maritim. Wie üblich treffen sich die CDU- und die SPD-geführten Länder vor Beginn der offiziellen Tagung zu getrennten Strategierunden, in denen das anschließende Verhalten noch einmal abgestimmt wird. An diesem Tag steht das brisante Thema Laufzeitverlängerung für Atomkraftwerke auf der Tagesordnung. Aber Simone Peter, grüne Umweltministerin in der einzigen Jamaika-Koalition eines deutschen Bundeslandes, muss leider draußen bleiben – gemeinsam mit ihrer Parteifreundin Anja Hajduk von der Grün-Alternativen-Liste (GAL) Hamburg, Umweltministerin des schwarz-grünen Bündnisses in der Hansestadt. Während die Grünen-Umweltminister Reinhard Loske (Bremen) und Johannes Remmel (Nordrhein-Westfalen) ohne Probleme an der Vorbesprechung der A-Länder (SPD-geführt) teilnehmen dürfen, wollen die CDU-Umweltminister keine anerkannten Atomkraftgegnerinnen mit am Tisch sitzen haben. Willkommen im schwarzen Block der Laufzeitverlängerer ist dagegen der niedersächsische FDP-Umweltminister Hans-Heinrich Sander – ein Atomkraft-Befürworter. Simone Peter und Anja Hajduk werden regelrecht vorgeführt. Die beiden sind sauer, fühlen sich »im luftleeren Raum und abgeschnitten von allen Infos«, so Peter. So etwas darf sich nicht wiederholen. Noch am selben Tag schlägt die Saarländerin vor, eine dritte Gruppe einzuführen: die »G-Länder« mit grünen Umweltministern. Die könnten sich dann, wie A- und B-Länder, vor den regulären Umweltministerkonferenzen koordinieren. Der Eklat in Dresden düpiert nicht nur Simone Peter, sondern wirft ein Schlaglicht auf die unprofessionelle Koordinierung der schwarz-gelb-grünen Landesregierung: Die Aussperrung hätte nicht passieren dürfen.

*»Wir – CDU, FDP und Grüne – wollen das Saarland zum Vorreiter eines neuen Politikmodells der nachhaltig ökonomischen, der ökologischen und der sozialen Modernisierung machen.«*

Als die Geschichte wenige Tage später in die Öffentlichkeit sickert, lässt Peter ihre Sprecherin erklären, so etwas habe es noch nie gegeben. Der Vorfall beschäftigt die Koalitionsrunde, CDU-Fraktionschef Klaus Meiser räumt einen »peinlichen Vorgang« ein, während Ministerpräsident Peter Müller mit einer »gewissen Ratlosigkeit« auf das »Dilemma« (Grünen-Chef Hubert Ulrich) reagiert. Dabei haben die Polit-Partner noch ein Jahr zuvor in ihrem Koalitionsvertrag hohe Ansprüche formuliert: »Wir – CDU, FDP und Grüne – wollen das Saarland zum Vorreiter eines neuen Politikmodells der nachhaltig ökonomischen, der ökologischen und der sozialen Modernisierung machen. In diesem Sinne werden die Koalitionspartner vertrauensvoll zusammenarbeiten.«

Vorfälle wie in Dresden schüren freilich intern das Misstrauen und sind eine Steilvorlage für die Opposition im Landtag. Für den saarländischen SPD-Generalsekretär Reinhold Jost ist die Aussperrung der einst zum linken Parteiflügel der Grünen zählenden Umweltministerin, die von den Sozialdemokraten durchaus persönlich geschätzt wird, »der letzte Beweis für die bundespolitische Bedeutungslosigkeit der Jamaika-Regierung«. Jost: »Wer vor der Tür steht, kann drinnen nicht die Interessen des Landes vertreten.« Deshalb sei der Vorfall nicht nur peinlich für die Landesregierung, »sondern auch ein schlechtes Signal für unser Land«. Dagmar Ensch-Engel, Abgeordnete der Linksfraktion im Landtag und zuvor jahrelang Mitglied im Grünen-Landesverband, reagiert noch schärfer. Der Vorgang zeige deutlich, »dass die CDU die Atompolitik der Grünen in Wahrheit komplett ablehnt«. Trotz der Vereinbarung im Koalitionsvertrag, der das schwarz-gelb-grüne Dreierbündnis darauf festlegt, die Verlängerung der Laufzeiten von Atomkraftwerken abzulehnen, unternimmt die Saar-Regierung keineswegs alle juristisch denkbaren Schritte, den Deal mit den Energie-Multis zumindest zu erschweren. So kann Simone Peter zwar ihre Kritik am Atomkonzept der schwarz-gelben Bundesregierung vortragen, aber die Jamaika-Koalition schließt sich nicht den SPD-regierten Ländern an, die das Bundesverfassungsgericht anrufen wollen. Aus Sicht der Sozialdemokraten in Rheinland-Pfalz, Nordrhein-Westfalen, Bremen, Berlin und Brandenburg ist es nicht mit dem Grundgesetz vereinbar, dass die Bundesregierung die Atommeiler ohne Beteiligung des Bundesrates um durchschnittlich zwölf Jahre länger laufen lassen will, als in dem zwischen den Energiekonzernen und der rot-grünen Bundesregierung unter SPD-Bundeskanzler Gerhard Schröder vereinbarten Atomausstiegskonsens vorgesehen.

Immer stärker wird nun sichtbar, dass die Grünen im Saarland sich in eine Position der politischen Schizophrenie manövriert haben. Zwar verkündet Jamaika-Wortführer Hubert Ulrich bei jeder Gelegenheit den vermeintlich großartigen Erfolg, den

Atomparteien CDU und FDP auf Landesebene eine Ablehnung der Laufzeitverlängerung abgerungen zu haben, muss aber mit ansehen, wie die schwarz-gelbe Bundesregierung ihr Atomkonzept durch die parlamentarischen Gremien in Berlin peitscht. Christdemokraten und Liberale im Saarland können sich ihr regionales Nein angesichts der Machtverhältnisse in Berlin leisten. Für dieses irrelevante »Entgegenkommen« zahlen die Grünen an der Saar deftige Preise, die jedoch im Saarland und erst recht über die Landesgrenzen hinaus kaum wahrgenommen werden. Beispielsweise in der Sozialpolitik. Wie SPD und Linke sind auch die Grünen auf Bundesebene für die Einführung eines gesetzlichen Mindestlohnes – eines der wichtigsten sozialpolitischen Themen der letzten Jahre. Im Saarland stimmen die drei grünen Abgeordneten Claudia Willger-Lambert, Hubert Ulrich und Markus Schmitt jedoch am 11. Februar 2010 zusammen mit CDU und FDP gegen einen gesetzlichen Mindestlohn, für den sich SPD und Linke auch im Landtag stark machen. Die Saar-Grünen übernehmen damit letztlich die Position neoliberaler Wirtschaftspolitiker, die die Regelung dieses relevanten Problems den diversen Branchen überlassen und damit eine unübersichtliche Vielzahl individueller Vereinbarungen schaffen.

In der Bundespartei wird dieser Vorgang zwar mit großem Ärger registriert, öffentlich aber nicht kritisch kommuniziert. Dafür auf Parteikanälen. Brigitte Pothmer, Arbeitsmarktexpertin der Grünen-Bundestagsfraktion, schreibt einem Jamaika-Kritiker aus dem Saarland wenige Wochen später: »Du vermutest zu Recht, dass der Antrag bei mir als arbeitsmarktpolitischer Sprecherin keinen Jubel ausgelöst hat, denn er geht inhaltlich weit hinter das zurück, was längst grüne Beschlusslage ist.« Pothmer: »Die grüne Glaubwürdigkeit leidet unter diesem Antrag.« Dies sei bei einem »so wichtigen Thema und gerade vor dem Hintergrund der laufenden Debatte mehr als unglücklich«.

# Fünf-Jahres-Modell – Bildungspolitisches Blendwerk

Auch in der Bildungsdebatte haben die Grünen letztlich schlechte Karten. Dabei wird die Zustimmung zur Jamaika-Koalition von Hubert Ulrich und seinen Getreuen vor allem damit begründet, die Einführung eines fünften Schuljahres sei ein »großer Erfolg« und der Einstieg in ein »längeres gemeinsames Lernen«. Aber außer den saarländischen Grünen gibt es kaum Menschen, die das auch so sehen. Weder Eltern noch Pädagogen können dem willkürlich festgelegten Fünf-Jahres-Modell, das mit keinem anderen Bundesland kompatibel wäre, etwas abgewinnen. Da SPD und Linke das fünfte Grundschuljahr ablehnen, verweigern sie die Zustimmung zur notwendigen Verfassungsänderung. Das Projekt ist damit gescheitert. Ursprünglich hat sich die Öko-Partei für eine gemeinsame Schulzeit von mindestens sechs Jahren stark gemacht, eine Regelung, die von Sozialdemokraten und Linkspartei im Saarland wahrscheinlich mitgetragen worden wäre. Da die Grünen-Spitze jedoch die Jamaika-Koalition will, gibt sie in dieser brisanten Frage den Konservativen in CDU und FDP nach, die sich massiv für die Erhaltung des Gymnasiums stark machen, das im Saarland schon nach acht Jahren zum Turbo-Abitur führt und wegen der damit verbundenen Anhebung des Leistungsstresses umstritten ist. Weil die Grünen dies nicht substantiell antasten, gestehen ihnen Christdemokraten und Liberale zu, aus den Erweiterten Realschulen und den Gesamtschulen, eine »zweite Säule«, genannt Gemeinschaftsschule, zu entwickeln, die in neun Jahren zur Hochschulreife führen soll.

Ärger gibt es auch mit der Landeselterninitiative für Bildung. Die bezichtigt den Grünen-Bildungsminister Klaus Kessler im November 2010 der »Täuschung«. Die Kritiker beziehen sich dabei auf seine Regierungserklärung von Ende August 2010, in der er versicherte, die Landesregierung spare »nicht in der Bildung«. Nach Meinung von Bernhard Strube, Sprecher der Initiative, war aber bereits damals klar, dass im Haushaltsplan Kürzungen vorgesehen waren. So plane die Jamaika-Koalition die Abschaffung der Beitragsfreiheit im dritten Kindergartenjahr und bei den freiwilligen Ganztagsschulen. Dazu kämen Kürzungen bei der Frühförderung und den Integrationshilfen für behinderte Kinder in Schulen und Kindergärten, Einsparungen bei der Schülerbeförderung und eine schlechtere Besoldung von Junglehrern. Was die Eltern besonders ärgert: Zunächst wurde die kurzfristig eingeführte Beitragsfreiheit bei Ganztagsschulen noch als besonderer Erfolg der schwarz-gelb-grünen Regierung gepriesen.

Weil die Jamaika-Schulpläne nicht der erwartete Kracher sind, startet Kessler eine »Bildungstour« durch das Saarland. Die Resonanz ist nicht gerade überwältigend. Als er etwa Mitte November im Bürgerhaus von Neunkirchen seine Ideen präsentiert, interessiert das ganze siebzehn Besucher. Trotzdem hören sich die Reden des saarländischen Bildungsministers Klaus Kessler wie eine einzige Erfolgsgeschichte an. Da wird die neue Gemeinschaftsschule als »ideale Neuschöpfung« präsentiert – für die jedoch ebenfalls die saarländische Verfassung geändert werden müsste. Obwohl die Oppositionsparteien distanziert reagieren, hindert dies Kessler keineswegs daran, sich und seine Politik als ein potenzielles Jahrhundertereignis zu feiern. Der kleinen Schar von Zuhörern im Neunkircher Bürgerhaus vertraut der Grüne seine Vision an: »Es ist ein historisches Jahr erreicht. Sollten wir in einer großen Gemeinsamkeit auf einen Nenner kommen, dann haben wir die Chance genutzt, auf Jahrzehnte in diesem Land ein Schulsystem zu integrieren, von dem alle profitieren.«

Es kam anders. Die Sozialdemokraten machen nicht mit. Nach monatelangen Verhandlungen mit den Koalitionären – auch die Fraktion der Linken war beteiligt – lehnte der saarländische

SPD-Landesvorstand das von Kessler vorgelegte Konzept Ende Januar 2011 als »faulen Kompromiss« ab. Es gehe »nicht um den kleinsten parteipolitischen Nenner, sondern um den größtmöglichen bildungspolitischen Fortschritt«. Die SPD bemängelt das Fehlen einer verlässlichen Standortplanung und beklagte zugleich eine starke Benachteiligung der Gemeinschaftsschule gegenüber dem Gymnasium. So habe die Koalition die Garantie einer eigenständigen gymnasialen Oberstufe für die Gemeinschaftsschulen verweigert. Dies wäre automatisch eine Privilegierung für die Gymnasien, die automatisch eine Oberstufe hätten. Auch die von den Sozialdemokraten geforderte Verbesserung der Schüler-Lehrer-Relation und die deutliche Senkung der bisherigen Höchstzahl von 29 Schülern pro Klasse lehnte der Bildungsminister ab. Die SPD hält höchstens 27 für akzeptabel. Kessler bot stattdessen nur eine »durchschnittliche« Klassengröße von 26 Schülern an – was, wie es Statistiken so an sich haben, in vielen Fällen zu weitaus höheren Zahlen führen würde.

Kessler wies die Kritik weit von sich und warf den Sozialdemokraten vor, die Vorschläge der Koalition »aus parteitaktischen Gründen« abzulehnen, »um der Jamaika-Koalition keinen Vorteil zu gönnen«. Der Grüne: »Die SPD frisst ihr eigenes Programm.« Damit kann er freilich nicht davon ablenken, dass es sich vor allem um eine strategische Niederlage der Grünen handelt. Denn die hatten bei ihren Vereinbarungen mit CDU und FDP offensichtlich stillschweigend unterstellt, die SPD werde quasi automatisch den für die Schulreform notwendigen Verfassungsänderungen zustimmen. Der von den Grünen im Herbst 2009 triumphal verkündete bildungspolitische Höhenflug endet in einer Bruchlandung. Einen ihrer zentralen programmatischen Punkte im Koalitionsvertrag, den Hubert Ulrich beinahe wie eine Bibel vor sich herträgt, können die Grünen letztlich durch ihr Übertaktieren nicht umsetzen. Es sei denn, die Linkspartei

mit Oskar Lafontaine würde anstelle der Sozialdemokraten dem
Konzept zustimmen – was bei Redaktionsschluss offen war.

*»Von einem Bildungsminister, der jahrzehntelang
GEW-Vorsitzender war, erwarte ich dazu mehr als ein
zähneknirschendes Bedauern. Ich erwarte von ihm,
dass er öffentlich klipp und klar sagt, dass er das nicht
gut findet – auch wenn er sich mit seiner Position
nicht durchsetzen konnte.«*

Auch seine eigene Gewerkschaft hat Klaus Kessler nicht mehr
hinter sich. Im Gegenteil: Die GEW gehört unterdessen zu seinen schärfsten Kritikern. Sie äußerte prompt Verständnis für
die ablehnende Entscheidung der SPD. Schon zuvor hatte sich
die Organisation deutlich von ihrem ehemaligen Vorsitzenden
distanziert. Auf einem Gewerkschaftstag im November 2010 im
saarländischen Homburg warf der neue GEW-Chef Peter Balnis
der Jamaika-Koalition vor, sie sei »wortbrüchig« geworden. Dabei bezog er sich vor allem auf die Senkung der Eingangsbesol-
dung für Junglehrer. Die Versprechen seien »Blendwerk« gewesen, »um die Grünen nach Jamaika zu locken«. Nun präsentiere
Finanzminister Jacoby »die Reisekosten«.
   Die Behauptung Kesslers, die Absenkung sei »alternativ-
los«, hält Balnis für einen »Schlag ins Gesicht des Lehrernach-
wuchses«. Und der Gewerkschafter geht seinen Vorgänger auch
persönlich frontal an: »Von einem Bildungsminister, der jahrzehntelang GEW-Vorsitzender war, erwarte ich dazu mehr als
ein zähneknirschendes Bedauern. Ich erwarte von ihm, dass er
öffentlich klipp und klar sagt, dass er das nicht gut findet – auch
wenn er sich mit seiner Position nicht durchsetzen konnte.«

Kessler versichert öffentlich, es würden keine Lehrerjobs gestrichen. Stattdessen seien sogar 32 neue Planstellen vorgesehen – formal korrekt und dennoch Augenwischerei. In der Saarbrücker Zeitung überführt der Grünen-Bildungsminister sich selbst als Rabulist. So rechnet er dem Blatt vor, von den Erweiterten Realschulen würden 52, von den Gymnasien 21 und von den Gesamtschulen eine Stelle abgezogen. Macht 74 Lehrerstellen weniger. Dafür sei aber an den Grundschulen ein Plus

Grünen-Bildungsminister Klaus Kessler

von 36, an den Berufsschulen von 24 und bei den Sonderpädagogen ein Zuwachs von 16 Stellen geplant. Macht 76 zusätzlich – unterm Strich also gerade mal zwei Lehrerstellen mehr. Das Plus von weiteren 30 errechnet sich aus zwölf zusätzlichen Referendarsstellen in den Studienseminaren und weiteren 18 Jobs beim Landesinstitut für Pädagogik und Medien, LPM. Als ihm Elternvertreter Mitte November 2010 ein Paket mit 20 000 Protestunterschriften überreichen, bleibt Kessler dabei: Es gibt keinen Stellenabbau, sondern nur eine »Umverteilung«.

Schnell verpufft ist auch die öffentliche Wirkung des von Hubert Ulrich und den Grünen als beinah epochal gefeierten strikten Rauchverbotes. Kaum beschlossen, wurde es vom saarländischen Verfassungsgerichtshof einkassiert: wegen wirtschaftlicher Folgen für Gastronomen, die aufgrund eines weniger strengen Vorläufergesetzes vom Rauchverbot ausgenommen waren. Nach dem Willen der Jamaika-Koalition sollte ab dem

1. Juli 2010 ein strikteres Rauchverbot eingeführt und alle Ausnahmen aufgehoben werden. Die galten bis dahin für ausschließlich inhabergeführte Gaststätten und Lokale mit einer Fläche von weniger als 75 Quadratmetern, in denen den Gästen neben Getränken lediglich kalte oder einfach zubereitete warme Speisen angeboten wurden. Die vorläufige Entscheidung registrieren viele Christdemokraten und Liberale mit Schadenfreude, CDU und FDP sind keine Verfechter eines überrigiden Gesetzes. Den beiden größeren Koalitionspartnern passt es ohnehin von Anfang an nicht, dass in den ersten Monaten fast ausschließlich die grünen Themen Raucherschutz und Schule in der Öffentlichkeit diskutiert werden. Ihnen missfällt, dass sie mit ihren Wirtschafts- und Wissenschaftsthemen deutlich weniger wahrgenommen werden.

Insbesondere der Bereich Energie wird mit großer Wahrscheinlichkeit in der Restlaufzeit der Jamaika-Koalition eine zentrale Rolle spielen. Umweltministerin Simone Peter arbeitet seit ihrem Amtsantritt an einem »Masterplan«, dessen Hauptziel der drastische Ausbau der erneuerbaren Energien ist, die im Saarland nur 4 Prozent ausmachen, deutlich weniger als in den meisten anderen Bundesländern. Bis 2020 soll der Anteil auf das Fünffache gesteigert werden. Das Energiekonzept der Grünen-Politikerin sieht unter anderem den massiven Ausbau von Windkraftanlagen vor. Die Kommunen sollen die Entscheidungshoheit über den Bau umweltfreundlicher Windräder bekommen. Vertreter von CDU und FDP haben jedoch schon signalisiert, dass sie noch lange kein Ende der konventionellen Kraftwerke im Saarland sehen. Klaus Meiser, Vorsitzender der CDU-Landtagsfraktion, und der FDP-Wirtschaftsminister Christoph Hartmann verlangen von den Grünen ein »realistisches« Konzept, in dem nach ihrer Ansicht auch die mit Kohle betriebenen Meiler noch einen wichtigen Platz einnehmen müssen. Ihre Begründung: Das

Saarland benötige vor allem wegen der Stahlindustrie überdurchschnittlich viel Energie. Richard Weber, einflussreicher Präsident der saarländischen Industrie und Handelskammer, hat die Erwartungen der Wirtschaft schon unmissverständlich formuliert. Deren Forderungen lauten: Sicherung, Erneuerung und Modernisierung des saarländischen Kraftwerksparks. Weber: »Deshalb sollte die Landesregierung in ihrem geplanten Energiekonzept den Fokus auch nicht einseitig auf den Ausbau erneuerbarer Energien legen.« Die im Koalitionsvertrag festgeschriebene Obergrenze von 500 Megawatt für neue Kohle- oder Gaskraftwerke hält der IHK-Präsident für »willkürlich und mit dem deutschen Genehmigungsrecht nicht kompatibel«.

Ähnlich sehen es etliche Christdemokraten und Liberale. Der Masterplan Energie wird für Umweltministerin Simone Peter zum ersten Härtetest in der Jamaika-Koalition. Das Konfliktpotenzial ist groß.

## Umfragen – Jamaika im Sinkflug

Fraglich bleibt, ob die von ihren Protagonisten als Modellprojekt für andere Bundesländer gepriesene Jamaika-Koalition bis zu ihrem regulären Ende im Herbst 2014 durchhält. Der Saarlandtrend, eine regelmäßige Umfrage im Auftrag des Saarländischen Rundfunks, bringt zum Jahrestag, am 10. November 2010, einen ernüchternden Befund für das Parteien-Trio – viel Grau, wenig Jamaika. Das überraschendste Ergebnis: Erstmals seit mehr als zehn Jahren liegen die Sozialdemokraten (34 Prozent) bei einer repräsentativen Umfrage wieder vor der CDU (32 Prozent). Für die größte Frustpartei im Land eine schöne Überraschung und ein Motivationsschub. Jedenfalls im Vergleich zur Landtagswahl Ende August 2009, bei der die SPD mit 24,5 Prozent ihr bisher schlechtestes Ergebnis ertragen muss. Die Linke von

Oskar Lafontaine fängt sich ein Umfrageminus von 4,3 Prozent ein, landet mit 17 Prozent aber immer noch klar auf dem dritten Platz. Außerdem ist bekannt, dass bei Umfragen viele Wähler nicht unbedingt zu ihrer Präferenz für die Linken stehen.

---

*»Die Absprachen funktionieren geräuschlos.*
*Diese Koalition ist ein Meer der Ruhe. Und wir*
*Grüne sind in diesem Bündnis der ruhende Pol.«*

---

Einziger Umfragesieger sind Anfang November 2010 die Grünen, für die sich 9 Prozent entscheiden. Real waren es im August 2009 nur 5,9 Prozent. Auch wenn Parteichef Hubert Ulrich das Ergebnis – und damit sich selbst – mächtig lobt: Bei näherem Hinsehen entpuppt es sich als schwach, gemessen an dem bundesweiten Grünen-Hype, der in Baden Württemberg die Öko-Partei zur gleichen Zeit bei fast 30 Prozent sieht. Noch unangenehmer aber ist für Schwarz-Gelb-Grün das Maß an Unzufriedenheit mit der Landesregierung. Ein Quasi-Nichts von einem Prozent ist »sehr« zufrieden, 24 Prozent äußern sich »zufrieden« mit den Leistungen. Aber Dreiviertel der Befragten, exakt 74 Prozent, sind »weniger« oder »gar nicht zufrieden«. Auch die eigenen Anhänger haben wenig Spaß mit Jamaika. Die im Saarland befragten Grünen-Sympathisanten bekunden zu 64 Prozent, sie seien unzufrieden mit der Landesregierung. Ein Menetekel und vor allem eine enorme Diskrepanz zur Selbstwahrnehmung der Grünen, die sich am 7. November 2010 zu einer Landesdelegiertenkonferenz versammeln. Die Saarbrücker Zeitung titelt: »Landesparteitag zeigt sich mit eigenem Beitrag in der Jamaika-Koalition zufrieden.« Die Grünen klopfen sich »gegenseitig auf die Schultern«. Man dürfe sich »die ›Erfolge‹ in Umwelt- und

Jamaika-Feelings bei den Fraktionsvorsitzenden: Klaus Meiser, Horst Hinschberger, Hubert Ulrich (v. l. n. r.)

Bildungspolitik nicht kaputtreden lassen«. Hubert Ulrich beschreibt bei dem Treffen eine Art Geisterbündnis:»Die Absprachen funktionieren geräuschlos. Diese Koalition ist ein Meer der Ruhe. Und wir Grüne sind in diesem Bündnis der ruhende Pol.« Es herrscht das große Schweigen, als habe die Partei kollektiv Beruhigungsmittel eingeworfen. Bei der Aussprache melden sich zwei Delegierte mit einigen kritischen Anmerkungen. Das sind immerhin 100 Prozent mehr als beim vorletzten Parteitag im Juni, da wagte nur einer ein paar Widerworte. Nach zwanzig Jahren Ulrich ist der saarländische Grünen-Landesverband nur noch ein leidenschaftsloser und diskussionsfreier Karriere-Förderverein – während andernorts, von Stuttgart bis Gorleben, zehntausende Demonstranten neue Bewegung in die Politik bringen oder es wenigstens versuchen. Die einzige, die diesen eisernen Ring sprengen könnte, ist Umweltministerin Simone Peter, Tochter von Brunhilde Peter, der ehemaligen SPD-Sozialministerin

**181**

im Kabinett von Oskar Lafontaine. Noch bis zur Landtagswahl Ende August 2009 war sie eine der schärfsten Kritikerinnen von Hubert Ulrich. In ihrem ersten Regierungsjahr hält sie sich aber politisch zurück, konzentriert sich auf die technischen Aspekte ihrer Rolle – und wartet ab. Bis auf eine drastische Ausnahme. Als kurz vor Weihnachten 2009 durch einen Bericht in der Tageszeitung taz bekannt wird, dass ihr Staatssekretär Klaus Borger im Mai 2009 in einem Leserbrief an das *Holz-Zentralblatt* Waldarbeiter mit Massenmördern gleichsetzt, droht sie ihm mit Rauswurf. So etwas dürfe sich nicht wiederholen. Klaus Borger, enger Ulrich-Vertrauter, hat in der Zuschrift Äußerungen von Dusan Mlinsek zitiert, dem ehemaligen Präsidenten des internationalen Verbandes forstlicher Forschungsanstalten, IUFRO: »Im Prinzip gibt es keinen Unterschied zwischen einer während des Krieges gefallenen Nation und einem gefallenen Wald (...) Dabei führten der Pilot des Bombers und der Pilot des Vernichtungsprozessors im Wald kaum bewusst, gefühllos, die Befehle zum Massenmord aus.« Unter Druck geraten, windet sich Borger mit einer Entschuldigung heraus, die den Fall eigentlich noch schlimmer macht: »Durch die aufgeführten Zitate sollten jedoch zu keinem Zeitpunkt Berufs- oder Personengruppen beschimpft oder beleidigt werden. Sollte dies fälschlicherweise so aufgefasst worden sein, so bedaure ich das.« Grünen-Vorsitzender Hubert Ulrich hält sich zumindest öffentlich heraus und auch von den Parteimitgliedern ist kein Aufschrei gegen Borgers gespenstischen Auftritt überliefert.

Die Lethargie der Grünen-Basis ist womöglich Folge einer kollektiven Verdrängung. Denn würde sie ihre Umgebung aufmerksam beobachten, müsste sie sich öfter vernehmlich zu Wort melden: Etwa gegen Postenschacher in der eigenen Partei, wenn alte Ulrich-Freunde mit gutdotierten Jobs bedient werden. Zum Beispiel Gabriel Mahren, ehemaliger Saarlouiser Umweltdezernent und Fraktionschef der Grünen im Stadtrat von Ulrichs Heimatort. Er übernimmt zum 1. Dezember 2010 eine mit rund 6 000 Euro dotierte Aufgabe in der *Stabsstelle Nachhaltigkeit* in der Saarbrücker Staatskanzlei. Weil bei der Vergabe offenbar die Auswahlkriterien nicht richtig angewandt wurden, ging ein Mitarbeiter des Umweltministeriums – der frühere CDU-Landtagsabgeordnete Thomas Seilner – vor Gericht und erhob eine Konkurrenten-Klage, Seilner gewann. Der für ihn angenehme, für die Steuerzahler jedoch kostspielige Effekt: Nun soll auch für ihn eine hochdotierte Stelle in der Staatskanzlei eingerichtet werden. Noch Anfang 2011 beschäftigt diese Kalamität die Personalräte der Behörden und liefert den Beamten und Angestellten willkommenen Gesprächsstoff beim Mittagessen in den Restaurants rund um das kleine Saarbrücker Regierungsviertel.

## Staatskanzlei – illegale Wahlwerbung

Gemessen an den selbst mitbetriebenen Postenschiebereien gibt es auch einige Skandale größeren Kalibers, die die Grünen, von ihrem Selbstverständnis her, eigentlich auf die Zinnen treiben müssten. Darunter ein veritabler Verfassungsbruch in Gestalt einer illegalen Parteienwerbung – zu verantworten durch CDU-Ministerpräsident Peter Müller. Am 1. Juli 2010 verkündet der Verfassungsgerichtshof des Saarlandes in dem »Organstreitverfahren« des SPD-Landesverbandes gegen die Regierung des Saarlandes eine für Müller äußerst unangenehme Entscheidung. Die Richter stellen fest, dass seine CDU-Alleinregierung 2009 »gegen das Gebot der Neutralität des Staates im Wahlkampf« und gegen »den Grundsatz der Chancengleichheit bei Wahlen verstoßen hat«. Eine saubere juristische Gerade auf das Kinn des Juristen Peter Müller. Und die Grünen schweigen.

Es wird festgestellt, dass die Antragsgegnerin dadurch gegen das Gebot der Neutralität des Staates im Wahlkampf (Art. 60 Abs. 1 und Art. 61 Abs. 1 SVerf) und den Grundsatz der Chancengleichheit bei Wahlen (Art. 63 Abs. 1 SVerf i. V. m. Art. 21 Abs. 1 GG) verstoßen hat, dass sie vor der Landtagswahl vom 30.08.2009 durch die Publikation der Broschüre „Saarland – aber sicher" und durch die Veröffentlichung der Anzeigenserie „Der Ministerpräsident informiert" in den letzten drei Monaten vor dem Eingang des Antrags sowie durch den Brief des Ministerpräsidenten des Saarlandes vom Mai 2009, der den Gehaltsabrechnungen der Beschäftigten des Landes beigefügt war werbend in den Wahlkampf eingegriffen hat.

Auszug aus: Urteil des Verfassungsgerichtshofs des Saarlandes im Organstreitverfahren SPD - Landesverband Saar - gegen die Regierung des Saarlandes, verkündet am 1.7.2010, S.2.

Dabei ist die Entscheidung des saarländischen Verfassungsgerichtshofes für alle Parteien eine wichtige Orientierung bei der Frage: Was darf eine Landesregierung im Wahlkampf? Deutlich weniger, als sich CDU-Ministerpräsident Peter Müller im Landtagswahlkampf 2009 erlaubt hat. Die Richter rügen etliche Fälle, in denen die verfassungsrechtlichen Grenzen zulässiger Öffentlichkeitsarbeit überschritten werden. So nutzt der Christdemokrat den Versand der Gehaltsabrechnungen an die Beschäftigten im öffentlichen Dienst des Saarlandes im Mai 2009 dazu, einen Brief beizulegen, in dem er Werbung für die CDU-Regierung macht:»Auch in Zukunft gilt: Diese Landesregierung steht voll und ganz hinter den Bediensteten im öffentlichen Dienst (…) Deshalb werden wir auch in Zukunft die uns zur Verfügung stehenden Möglichkeiten nutzen, um den öffentlichen Dienst des Landes attraktiver zu gestalten Vielen Dank für Ihr Engagement! Ich freue mich auf die weitere Zusammenarbeit!« Für die Verfassungsrichter ist klar:»Wer öffentlich andere anspricht und versichert, sich auch in kritischen Zeiten auf ihre Seite zu stellen, und wer zugleich ausspricht er freue sich auf die weitere Zusammenarbeit mit ihnen, informiert nicht nur über Tatbestände, sondern wirbt für sich.« Dies sei ein »subtiler Appell (…) dankbar zu sein«.

Einen noch klareren Verstoß gegen das Neutralitätsgebot erkennt der Verfassungsgerichtshof in der Broschüre »Saarland – aber sicher«. Darin wird behauptet: »In den Jahren 2000 – 2009 hat die CDU-geführte Landesregierung 860 Polizeianwärterinnen und -anwärter eingestellt. Bei der SPD-Vorgängerregierung waren es von 1990 – 1999 gerade einmal 276.« Die Richter sehen darin »eine verfassungsrechtlich nicht zulässige parteiergreifende Werbung«. Gerügt wird schließlich eine Anzeigenserie der Landesregierung unter dem Motto »Der Ministerpräsident informiert«. Darin werden Entwicklungen des Landes im Bereich der Wirtschaft und des Arbeitsmarktes durchweg positiv dargestellt und zugleich »mutige Entscheidungen« für die Zukunft gefordert – gleich jenen, die die »CDU-Landesregierung« bis dahin gefällt hat. Auch in diesem Fall ist für die Verfassungsrichter klar: »Hier wirbt (…) die Regierung offen für die sie tragende Partei und deren Wiederwahl. Der Inhalt dieser Anzeige hat also parteiergreifenden Charakter.«

Umgehend fordert SPD-Landes- und Fraktionsvorsitzender Heiko Maas Neuwahlen als »sauberste Lösung«. Es sei »ein einmaliger Vorgang in der Geschichte des Landes, dass einem Ministerpräsidenten höchstrichterlich ein Verfassungsbruch nachgewiesen wird«. Von der CDU verlangt er, den geldwerten Vorteil der Kampagne an die Staatskasse zu erstatten. Nach Einschätzung der SPD hat die Union durch die Tricks der Staatskanzlei eine sechsstellige Summe an Wahlkampfkosten gespart, schätzungsweise 100 000 Euro. Bundestagspräsident Norbert Lammert, CDU, soll prüfen, ob es sich bei den vom Verfassungsgerichtshof gerügten Vorgängen auch um einen Verstoß gegen das Parteiengesetz gehandelt hat. Die CDU weist die Zahlungsaufforderung prompt zurück. Ihre Begründung: Das Verfassungsgericht habe mit dem Urteil »neue Maßstäbe« gesetzt, die frühere Landesregierung habe sich noch an einem älteren Urteil zum gleichen Thema orientiert, darin seien die nun geltenden Kriterien noch nicht enthalten gewesen. Grünen-Chef Hubert Ulrich will sich nicht festlegen – man müsse abwarten, bis »alle Fakten auf dem Tisch« lägen. Nur einer aus der Jamaika-Runde tanzt aus der Reihe: Horst Hinschberger, Vorsitzender der FDP-Landtagsfraktion. Er fände es »gut«, wenn sich der Koalitionspartner entschließen könnte, angesichts der vom Gericht beanstandeten Wahlwerbung die Steuergelder an die Staatskasse zurückzuzahlen. Dies sei »ein Stück politischer Kultur«.

## FDP – Rufmord an Parteifreunden

Hinschberger ist es auch, der kurz darauf für einen bis dahin beispiellosen Eklat in der Landespolitik sorgt, der im November 2010 zu drastischen personellen Konsequenzen in der FDP führt: Hinschberger muss sein Amt als Fraktionsvorsitzender zur Verfügung stellen und der innerparteilich heftig umstrittene Wirtschaftsminister Christoph Hartmann verzichtet auf den Vorsitz des FDP-Landesverbandes.

Die Affäre, die sich zum Risiko für die Regierungs-Koalition entwickelt, trägt ein Aktenzeichen der saarländischen Staatsanwaltschaft: **5 Js 317/10**. Am 7. Mai 2010 erstattet der Völklinger Anwalt Olaf Möller im Namen von Hinschberger eine 24 Seiten dicke Strafanzeige. Sie richtet sich gegen die Führungsgremien der liberalen Saarbrücker Stiftung »Villa Lessing«, in der Hinschberger, zu jener Zeit auch noch FDP-Landesschatzmeister, einfaches Mitglied ist. Im Zusammenhang mit einer Innenrevision bekommt er offensichtlich mit, dass es im Verein angeblich seit einigen Jahren »vermehrt zu finanziellen Unregelmäßigkeiten« gekommen ist, die »strafrechtliche Relevanz, insbesondere wegen des Verdachts der Untreue (...) besitzen«. Hinschbergers Anwalt belässt es freilich nicht bei einer Anzeige gegen Unbekannt, sondern listet elf Namen von in Frage kommenden Verantwortlichen auf. An erster Stelle Horst Rehberger, erst seit Dezember 2008 Vorstandsvorsitzender der Villa Lessing. Rehberger ist ein FDP-Promi, der sowohl im Saarland wie in Sachsen-Anhalt Wirtschaftsminister und Parteichef war. Neben dem Vorstand und den Vereinsmitgliedern existiert als drittes Gremium ein Kuratorium. Dessen Vorsitzender ist Werner Klumpp, 82, liberales Urgestein. Der Ehrenvorsitzende der Saar-FDP war in seiner aktiven Zeit Wirtschaftsminister im Kabinett der CDU-Ministerpräsidenten Franz-Josef Röder und Werner Zeyer. Viele Jahre führte er den liberalen Landesverband an. Auch er steht auf der Liste in Hinschbergers Strafanzeige ziemlich weit oben – auf Platz fünf. Die FDP-Altvorderen werden des Betruges und der Untreue verdächtigt. Anwalt Olaf Möller behauptet, es seien ungerechtfertigt Honorare an freie Mitarbeiter geflossen und Bildungsreisen, an denen auch Rehberger gelegentlich teilnahm, zu hoch subventioniert worden. Schließlich habe der nordrhein-westfälische FDP-Generalsekretär Joachim Stamp zu Unrecht eine Erfolgsprämie von mehr als 30 000 Euro für eine nicht rechtzeitig abgelieferte Doktorarbeit über die Jungen Liberalen erhalten. Im Rahmen eines zweijährigen Stipendiums hat die Villa Lessing Stamps Untersuchung gefördert. Sie wird schließlich im Herbst 2010 doch noch als Dissertation angenommen.

Dass Hinschberger die FDP-Honoratioren namentlich mit den angeblichen Unregelmäßigkeiten in Verbindung bringt, kostet ihn ein halbes Jahr später das Amt des Fraktionsvorsitzenden und Christoph Hartmann die Funktion als FDP-Landesvorsitzender. Denn kaum stellt der Saarbrücker Oberstaatsanwalt

Ehemaliger FDP-Landesvorsitzender Christoph Hartmann

Eckhard Uthe das Verfahren gegen Stiftungs-Vorstand und Kuratorium im Oktober ein – ermittelt wird nur noch gegen die frühere Stiftungsgeschäftsführerin Friederike Freifrau von Rechenberg und zwei freie Mitarbeiter –, gehen Klumpp und Rehberger zur Gegenoffensive über. Sie fühlen sich durch die Anschuldigungen als Opfer eines »Rufmordes« und wollen Köpfe rollen sehen. Der Vergeltungsschlag gelingt. Am Ende spielt Horst Hinschberger die Hauptrolle als böser Bube in einer drehbuchreifen Geschichte. Der FDP-Mann, Träger eines schwarzen Karategürtels und Inhaber von Firmen mit Namen wie *Magnum* und *Kamikaze*, die unter anderem Sportwaffen und Karatebekleidung verkaufen, hat offenbar die falsche Kampftaktik gewählt. Das Stück entfaltet eine ungeahnte Eigendynamik und birgt Sprengkraft, die auch der Jamaika-Koalition gefährlich wird. Denn Klumpp und Rehberger vermuten hinter der Strafanzeige von Hinschberger, der nebenbei auch noch Mitbetreiber eines Schießplatzes ist, eine deftige Intrige. Das wahre Ziel der

Verschwörer sei: »Aus der Villa Lessing die Parteizentrale der FDP Saar zu machen.« Der FDP-Fraktionschef habe seit seinem Eintritt in den auf fünfzehn Mitglieder begrenzten gemeinnützigen Verein im Jahr 2007 »alles unternommen«, um dessen Vermögen »für die Finanzierung der FDP direkt oder indirekt zu nutzen«.

## Villa Lessing – Schnäppchen für FDP-Anonymus

Die Bildungsstätte wird zu fast 100 Prozent aus Gewinnen der Saarbrücker Zeitung gespeist. Im Saarland halten die parteinahen Stiftungen von SPD, CDU und FDP gemeinsam einen Anteil von rund 26 Prozent an dem Blatt, das bis 1969 allein dem Land gehörte und dann an den Holtzbrinck-Konzern verkauft wurde. Diese Privatisierung verhalf nicht nur dem Verleger, sondern auch den Einrichtungen zu einem Millionenvermögen. Ausgeschüttet werden die Gewinne an die Stiftungen im Verhältnis 40:40:20. Wenn die Stiftung Demokratie Saar (SPD-nah) und die Union-Stiftung (CDU-nah) beispielsweise eine Million Euro netto kassieren, landen bei der Villa Lessing 500 000 Euro. Eine äußerst komfortable finanzielle Situation, die in den letzten Jahren angeblich immer mehr Begehrlichkeiten bei der Friedrich-Naumann-Stiftung, FNS, in Potsdam weckt. Die prächtige Villa im Saarbrücker Nobelviertel Am Staden gehörte bis 1999 bereits der FNS, die sie damals für rund 1,4 Millionen Euro an die Saarländer verkaufte.

Kaum Mitglied in der Stiftung, plädiert Hinschberger angeblich von Anfang an dafür, diesen Deal rückgängig zu machen. Die Naumann-Stiftung solle wieder alles übernehmen und das luxuriöse Gebäude anschließend an einen von Hinschberger als »Freund der FDP« bezeichneten Investor verkaufen – für etwa eine Million Euro. Dies wäre extrem günstig für den Käufer, denn Experten schätzen den Wert des Anwesens auf mittlerweile mindestens 1,5 Millionen Euro. Als Ausgleich für die Preisdifferenz wolle Hinschbergers Anonymus der Saar-FDP die Anlage »zu günstigen Konditionen« als »liberales Zentrum zur Verfügung stellen«. Gerüchte, bei dem Kaufinteressenten handele es sich um den Saarbrücker FDP-Patriarchen Hartmut Ostermann, werden aus dem Kreis der Stiftung dementiert. Immerhin bestätigt Rolf Berndt, geschäftsführendes Vorstandsmitglied der Friedrich-Naumann-Stiftung, auf Anfrage, Hinschberger habe ihn einmal darauf angesprochen, ob die FNS sich den Verkauf der Villa vorstellen könne, falls sie darüber verfüge. Berndt schloss dies damals wohl nicht völlig aus. FDP-Landesschatzmeister Hinschberger – er gibt dieses Amt erst im Juni 2010 auf – präsentiert laut Rehberger sogar ein konkretes Nutzungskonzept für den Fall einer Umwidmung zugunsten der FDP. Danach könnten in den Räumen die Wahlkreisbüros der Abgeordneten und die Verwaltung von »Partei- und Vorfeldorganisation« untergebracht werden. Auch zum Feiern sei das Haus geeignet. Besonders verlockend erscheint Hinschberger laut Konzept die Möglichkeit, »Raum zu bieten für vertrauliche Gespräche, die geführt werden müssen«. Oder für »Lunch-/Dinner-Meetings, die nicht privat, aber auch nicht in der Öffentlichkeit stattfinden sollen«. Denn, so empfiehlt Hinschberger, »Restaurants bieten in der Regel keine Möglichkeit, Türen für einen kleinen Kreis zu schließen«.

Der Vorwurf an die Adresse Hinschbergers ist hart: Da die Vereinsmitglieder der Villa Lessing derartige Pläne ablehnen, habe er die Strafanzeige offenbar benutzen wollen, um so den Verlust der Gemeinnützigkeit zu erreichen. In diesem Fall nämlich würde das gesamte Stiftungsvermögen, inklusive Villa, kostenlos an die FNS fallen, die dann mit einem Weiterverkauf des herrschaftlichen Anwesens eine Menge Geld verdienen könne und zugleich wieder über die Einnahmen aus den Gewinnen der Saarbrücker Zeitung verfüge. Hinschberger bestreitet unlautere Absichten, will sich jedoch nicht konkret äußern.

Die Frage, in welchem Umfang FDP-Wirtschaftsminister und Landesvorsitzender Christoph Hartmann in die Geschichte involviert ist, bleibt offen. Er will im Vorfeld nichts von der Strafanzeige Hinschbergers gegen prominente Parteimitglieder gewusst haben. Merkwürdig ist nur, dass Hinschberger sich im Stiftungsverein dafür stark machte, die Zahl der Mitglieder von fünfzehn auf sechzehn zu erhöhen und Hartmann zusätzlich aufzunehmen. Dies löste sogar mindestens eine Austrittsdrohung in der Runde aus. Eine Mitgliedschaft des FDP-Landesvorsitzenden in der Stiftung würde eine viel zu enge Verzahnung von Partei und Bildungseinrichtung bedeuten. Schon die Mitwirkung des FDP-Schatzmeisters ist nach Meinung etlicher Vereinsmitglieder sehr grenzwertig. Der Vorstoß scheiterte ebenso wie die Bewerbung von Hartmanns Ehefrau für die hauptamtliche Geschäftsführung der politischen Bildungseinrichtung. Hartmann, der nach dem Bekanntwerden des Ermittlungsverfahrens erklärte, das sei Sache der Stiftung und nicht der Partei, gerät unversehens schnell in den Strudel der Affäre, denn Werner Klumpp und Horst Rehberger bekommen für ihre Rücktrittsforderung an die Adresse des FDP-Fraktionsvorsitzenden zunehmend Unterstützung aus der Partei. Hinschberger gibt im Oktober 2010 seine Mitgliedschaft im Stiftungsverein auf, tritt – besonderes Zeichen der Buße – als Präsident des Fußballclubs 1. FC Saarbrücken zurück und entschuldigt sich für die Strafanzeige gegen die prominenten Parteifreunde. Ein von Klumpp gefordertes Parteiausschlussverfahren gegen Hinschberger lehnt der FDP-Landesvorstand allerdings einstimmig ab. Dem schwachen Parteichef Hartmann, der bei der letzten Vorstandswahl im Juni 2010 nur von 64 Prozent der FDP-Delegierten gewählt wird, gelingt es nicht, die Basis zu beruhigen. Immer lauter werden die Stimmen, die weitergehende personelle Konsequenzen verlangen. Hinschberger erreicht unterdessen seine persönliche Schmerzgrenze. Er will sein Amt als Fraktionschef nur abgeben, wenn auch Hartmann ein Opfer bringt. Der lenkt schließlich zähneknirschend ein und stellt den Posten des Parteivorsitzenden zur Disposition. Minister aber will er bleiben und auch sein Abgeordnetenmandat behalten. Auf einem außerordentlichen Landesparteitag am 8. Januar 2011 wählen 76,3 Prozent der 333 Delegierten in Merzig den FDP-Bundestagsabgeordneten Oliver Luksic, 31, zum neuen Landeschef. Nachfolger Hinschbergers als Fraktionschef wird Christian Schmitt, 29. Die Affäre rund um die Villa Lessing verhilft einem Duo der Jungen Liberalen an die Spitze, Generationenwechsel an der Saar. Hinschberger bekommt jedoch kurz darauf einen Trostpreis – er wird zum stellvertretenden Fraktionsvorsitzenden gewählt. Das bringt ihm eine halbe Abgeordnetendiät zusätzlich. So wird zumindest der finanzielle Abstieg gedämpft. Und in der Partei gärt es weiter, die Postenschieberei halten viele Liberale für eine Zumutung.

Ob diese Rochade die FDP mittelfristig befriedet, ist völlig offen. Denn der bizarre Skandal rund um die Villa Lessing ist Ende 2010 noch nicht ausgestanden. Die Partei muss neues Ungemach befürchten, sollte es 2011 zum Prozess gegen die frühere Geschäftsführerin kommen. Friederike Freifrau von Rechenberg könnte unangenehme Details über das Innenleben der Stiftung und die finanziellen Begehrlichkeiten von FDP-Parteifunktionären preisgeben. Sie saß in Folge dünner Vorwürfe wegen einer vergleichsweise mickrigen Schadenssumme knapp drei Wochen in Untersuchungshaft - etwa doppelt so lang wie Hartmut Ostermann wegen 17 Millionen Euro hinterzogener Lohnsteuer. Sie hat bereits ausgesagt, sie sei während ihrer Amtszeit von Walter Eschweiler, dem Bevollmächtigten von FDP-Bundesschatzmeister Hermann Otto Solms, bedrängt worden, der Partei ein

Darlehen zu gewähren. Dies habe die Saarbrücker Stiftung jedoch abgelehnt. Eschweiler bestreitet den Vorgang. Dennoch könnte eine Neuauflage der Geschichte vor Gericht der FDP schwer schaden – und auch ihre Polit-Partner in der Koalition in Bedrängnis bringen.

## Jamaika – statt Groove nur Krampf

Nicht nur wegen solcher Skandale läuft das erste Jamaika-Jahr nicht rund für die Protagonisten, auch wenn sie stets das Gegenteil erklären. Stereotyp werden das Rauchverbot und die Abschaffung der Studiengebühren als besondere Leistungen aufgezählt. Dabei parkt das Rauchverbot Ende 2010 noch in der Warteschleife beim saarländischen Verfassungsgerichtshof und auch das Thema Studiengebühren glänzt nicht so wie behauptet. Da die Kompensationsmittel aus dem Landeshaushalt mit fast einem halben Jahr Verspätung an die Uni fließen, können einige Stellen nicht rechtzeitig besetzt werden, manche Studenten sind deshalb nicht in der Lage, Prüfungen wie geplant zu absolvieren. Ärgerlich für die Studenten ist auch, dass sie unter Schwarz-Gelb-Grün bei der Mittelverwendung nichts mitzureden haben. In den Entwürfen für ein rot-rot-grünes Bündnis war vorgesehen, die Kompensationsmittel nach den Regeln der paritätischen Mitbestimmung zu verwalten. Ärger auch in den Kindergärten. Das bisher kostenfreie dritte Jahr soll wieder gebührenpflichtig werden. Außerdem auf der Jamaika-Streichliste: Die von den Trägern der Werkstätten für Behinderte beantragten Mittel werden um rund 3,5 Millionen Euro gekürzt.

Verschärfend kommt für die Jamaika-Clique hinzu, dass der Landesrechnungshof sich als überraschend erbarmungsloser Enthüller staatlicher Verschwendung erweist. Die Prüfer werfen dem

Land Mittelversenkung in Millionenhöhe vor. So sei der private Betreiber des Dinosaurier-Parks Gondwana unverhältnismäßig hoch subventioniert worden. Zugleich monieren die Rechenexperten, bei der Stiftung Saarländischer Kulturbesitz, zu der die wichtigsten Museen in der Landeshauptstadt gehören, seien im Zusammenhang mit Bauprojekten siebenstellige Beträge verschleudert worden. Stiftungschef Gerd Melcher wird zudem der exzessiven Spesenritterei bezichtigt. Jährlich gab er rund 20 000 Euro allein für Bewirtungen aus, darunter teure Essen, die keinen dienstlichen Bezug hatten. Im Zentrum der Vorwürfe steht Karl Rauber, Chef der Staatskanzlei und zugleich Kultusminister des Landes – vor allem aber einer der engsten Vertrauten von Ministerpräsident Peter Müller. Rauber weist sämtliche Vorwürfe zurück.

*»Entgegen den öffentlichen Bekundungen, die Saar-Koalition sei ›stabil‹ und arbeite ›ordentlich‹, ist das Bündnis in eine ernste Krise geraten. Manche reden gar schon von der Scheidung.«*

Im Fall Melcher, der ebenfalls alle Anschuldigungen bestreitet, schaltet Rauber auf Kosten des Landes sogar eine private Anwaltskanzlei ein, um die Behauptungen des Rechnungshofes zu widerlegen. Eine beispiellose Brüskierung der Kontrollbehörde durch die Landesregierung. Die Prüfer lassen die Kritik nicht auf sich sitzen und legen im Januar 2011 einen aktualisierten Prüfbericht vor, in dem die Verschwendungsvorwürfe aufrechterhalten werden. Zeitgleich lässt die Staatsanwaltschaft erneut Büros der Stiftung und eines beteiligten Architekten durchsuchen. Auch diese Affäre wird der Jamaika-Koalition noch länger erhalten bleiben.

Wenn überregionale Medien das als Modellfall gefeierte Bündnis überhaupt noch wahrnehmen, fallen die Betrachtungen fast durchweg kritisch aus. Die konservative *Frankfurter Allgemeine Zeitung* urteilt gnadenlos: »Ein Jahr danach ist die jamaikanische Euphorie verflogen und selbst bei Wohlmeinenden die Erkenntnis gereift, dass solche Vorbilder sich kaum jemand wünschen kann.« Die Saarbrücker Zeitung beobachtet bereits Ende August 2010: »Die Jamaika-Koalition im Saarland steckt in der Krise – Frust, Ärger, Missstimmigkeiten.« Nach zehn Monaten sei »der Honeymoon vorbei« und die Euphorie »tiefem Frust gewichen«. Die Autoren fassen zusammen: »Entgegen den öffentlichen Bekundungen, die Saar-Koalition sei ›stabil‹ und arbeite ›ordentlich‹, ist das Bündnis in eine ernste Krise geraten. Manche reden gar schon von der Scheidung.«

Sofern sie überhaupt noch reden. Ministerpräsident Müller wird bundespolitisch kaum noch wahrgenommen, dabei bieten sich durch den Rückzug von Beust, Koch, Wulff & Co. reichlich offene Stellen. Lange galt Müller als Ministerkandidat für das Kabinett von Angela Merkel. Etliche Parteifreunde sahen in ihm gar einen möglichen Nachfolger für den CDU-Sozialpolitiker Norbert Blüm. Der Mann mit dem rollenden »R« wurde als »Linker« in der Union eingeordnet. Müller war etwa befreundet mit dem bei Parteirechten äußerst unbeliebten Michel Friedmann. Den damaligen stellvertretenden Vorsitzenden des Zentralrates der Juden in Deutschland ernannte der Saarländer zu seinem ehrenamtlichen Kultur- und Europabeauftragten. Friedmann hatte allerdings nicht viel Zeit, sich nach dem Wahlsieg der Saar-CDU 1999 in diesem Amt zu entfalten. Eine Koks- und Prostituiertenaffäre kam dazwischen – und beendete seine Zentralrats- und Politkarriere. Der Frankfurter Jurist war im Sommer 2000 unter anderem aus Protest gegen die rechtspopulistische Ausländerpolitik des damaligen CDU-Ministerpräsidenten

Roland Koch vom hessischen in den saarländischen CDU-Landesverband gewechselt. Zehn Jahre später nennt Müller Koch seinen »besten Freund«. Dies vertraute er jedenfalls im November 2010 dem Wochenmagazin Forum an, dessen Redaktionssitz mit der Adresse der Saarbrücker Zentrale des Ostermann-Konzerns identisch ist. Mit Koch teile er wesentliche Denk- und Handlungsmuster, dies verbinde. Vielleicht bestärkte die Verbundenheit mit dem hessischen Politikflüchtling Müller auch bei seiner Entscheidung, seine Karriere im Saarland zu beenden. Bundesweite Aufmerksamkeit erregte er 2010 jedenfalls weniger durch politisches Handeln als durch seinen Spieltrieb. Ein Foto in der Bild-Zeitung zeigte ihn, wie er während einer Landtagsdebatte über die Änderung des Rundfunkstaatsvertrages Schach auf seinem iPad spielte.

Müller bestreitet jegliche Amtsmüdigkeit, kann aber nicht verhindern, dass bereits im Herbst 2010, nach nur einem Jahr Jamaika, öffentlich darüber spekuliert wird, er plane insgeheim schon seinen Abgang aus der Politik und interessiere sich für die Nachfolge des Ende 2011 ausscheidenden Bundesverfassungsrichters Udo di Fabio. Gebetsmühlenartig verkündet der Ministerpräsident, es gebe keinerlei Handlungs- und deshalb auch keinen Erklärungsbedarf. Als die Süddeutsche Zeitung jedoch Mitte Dezember 2010 den Wechsel als beschlossene Sache meldet, gerät Müller unter Druck. In der Jamaika-Clique wächst die Unruhe. Die eigene Partei, aber vor allem die Grünen und die Liberalen wollen Klarheit, wie es in der Staatskanzlei weitergeht.

Drei Wochen später drängt Umweltministerin Simone Peter: »Eine längere Hängepartie wäre schwierig.« Bei einer Klausurtagung der saarländischen CDU in Peter Müllers Heimatgemeinde Eppelborn ist die Zeit der Gerüchte vorbei. Peter Müller erklärt, sein Amt im Sommer 2011 abzugeben. Aber selbst bei einer eigens organisierten Pressekonferenz kommt ihm kein

Hubert Ulrich, Claudia Willger-Lambert, Peter Müller und Christoph Hartmann (v. l. n. r.)

Wort über die Lippen, ob er tatsächlich zum Bundesverfassungsgericht wechseln will. Müller spricht von »Optionen«. Absolut sicher scheint die Absprache der Bundestagsfraktionen über die Nachfolge di Fabios zu dieser Zeit nicht. Freie Demokraten in Berlin und der rheinland-pfälzische SPD-Ministerpräsident Kurt Beck signalisieren, die Sache sei durchaus noch nicht entschieden.

Dennoch präsentiert die Saar-CDU Annegret Kramp-Karrenbauer als Nachfolgerin für ihren bis dahin unangefochten agierenden Spitzenmann. Auf einem Landesparteitag im Mai soll sie zuerst den Vorsitz des CDU-Landesverbandes übernehmen und kurz vor oder unmittelbar nach der Sommerpause zur ersten Ministerpräsidentin im Saarland gewählt werden. Sie war schon einmal die erste Frau in einem wichtigen politischen Amt in Saarbrücken. Nach dem überraschenden Wahlsieg 1999 machte Peter Müller sie zur ersten Innenministerin des Landes. Müller traut ihr das Amt zu. Kramp-Karrenbauer belegte bei einer vom Saarländischen Rundfunk im Jahr 2010 in Auftrag gegebenen

**197**

Umfrage zwar den ersten Platz unter den Landespolitikern (Rang zwei Heiko Maas, Rang drei Peter Müller). In der Bundespolitik ist sie außerhalb der CDU dagegen weitgehend unbekannt. Immerhin wurde sie auf dem Bundesparteitag Mitte November 2010 ins CDU-Präsidium gewählt – mit dem zweitschlechtesten Ergebnis.

Grünen-Chef Hubert Ulrich beeilte sich, die Entscheidung des Koalitionspartners als sehr gute Wahl zu loben. Kramp-Karrenbauer sei Repräsentantin des liberalen CDU-Flügels. Eine Garantie für den Fortbestand von Jamaika ist das nicht. Denn gerade weil sie sich möglichst schnell ein schärferes Profil als Regierungschefin zulegen muss, um auch überregional Wirkung zu entfalten, kann dies das Koalitionsgefüge destabilisieren. Zumal sich auch die neugewählte FDP-Führungsriege erst noch profilieren muss.

Der Abgang von Peter Müller, dem einzigen aus der Jamaika-Clique, der überhaupt bundespolitisch wahrgenommen wird, hat zwar nicht die Sprengkraft wie der Abgang von Hamburgs Bürgermeister Ole von Beust. Dennoch – ohne Müller wäre die bisher einzige schwarz-gelb-grüne Koalition in einem Bundesland nicht zustandegekommen. Allein er hatte das Kaliber, das in der CDU durchaus umstrittene Projekt durchzusetzen. Denn dies war, entgegen der Behauptungen der Protagonisten, keineswegs das Ergebnis eines politischen Innovationsprozesses. Viel mehr war es, außerhalb einer an der Saar als unrealistisch geltenden großen Koalition, die einzige Möglichkeit, den kompletten Machtverlust der Union zu verhindern.

Seit Müllers angekündigtem Abgang gerät die Landesregierung verstärkt ins Blickfeld der Bundespolitik und der Medien. Freilich wieder einmal nicht wegen eigener Leistungen, sondern wegen eines bevorstehenden Verlustes. Für SPD-Chef Heiko Maas ist Müllers Ausstieg »auch ein Beleg für den anhaltenden

Zerfall des Jamaika-Bündnisses«. Zugleich kritisiert die Opposition, dass jetzt »eine Hängepartie durch eine andere ersetzt wird«. Ein weiteres halbes Jahr mit Müller als »lustloser lame duck« und einer Kandidatin in Wartestellung.

Ohnehin kommt die Regierung schon weitgehend ohne Charme, Esprit und Kreativität daher. Statt Groove nur Krampf. Angesichts der gleichzeitig völlig labilen Verhältnisse in der Saar-FDP und der seltsam kraftlos agierenden Grünen unter der Fuchtel von Hubert Ulrich, wird es Kramp-Karrenbauers wichtigste Aufgabe, jenen politischen Kitt zu produzieren, den ein solch heterogenes Bündnis längerfristig braucht. Mit diesen Protagonisten hat die Jamaika-Clique – das anfangs als bundesweites Modell bejubelte Projekt – keinerlei Strahlkraft entfaltet. Die Allianz ist nicht viel mehr als ein Machterhaltungskartell.

Verfechter schwarz-gelb-grüner Bündnisse verweisen zur Begründung in der Regel auf das sich in den letzten Jahren etablierende Fünf-Parteien-System und erklären es zum Ende der politischen Lager. Rot-Grün auf der einen, Schwarz-Gelb auf der anderen Seite sei vorbei. Diese Erklärung überzeugt nicht und ist eher ein Beleg für die Indifferenz und Beliebigkeit ihrer Verkünder. Es leuchtet nicht ein, dass inhaltliche Abgrenzungen nur deshalb nicht mehr trennscharf zu beschreiben sein sollen, weil die eine oder andere neue politische Gruppierung auftaucht. Dies ist kein Beleg für die Aufhebung der Lager, sondern eher Ausdruck einer weiteren Ausdifferenzierung. Die von den Jamaika-Strategen vorgetragenen vermeintlichen Übereinstimmungen der Beteiligten orientieren sich weniger an realen als an behaupteten Gemeinsamkeiten. Es ist eine pseudofortschrittliche Formation. Da vereinigen sich keineswegs drei Flüsse zu einem breiten Strom.

•  •  •

# PERSONENREGISTER

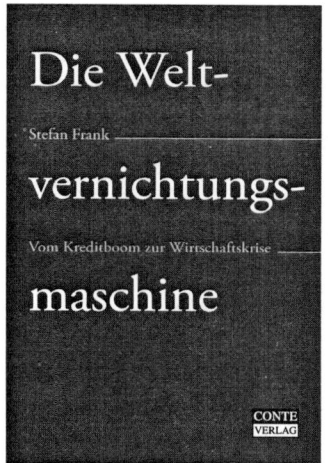

Stefan Frank
**Die Weltvernichtungs-
maschine**
*Vom Kreditboom
zur Wirtschaftskrise*

202 Seiten
ISBN 978-3-941657-94-6
13,90 €

»Franks lakonischer Humor muss den Tatsachen
der Wirtschaftskrise wenig hinzufügen, um den Leser zu
erheitern. Das Verhältnis von Informationsertrag und
Lektüreaufwand ist für den Leser sehr günstig.« FAZ

»Franks kluges Buch, kann uns leider auch nicht sagen,
wie wir alle noch zu retten sind.« Zeit online

»Stefan Frank ist eine amüsante und lehrreiche Analyse der
Krise gelungen. Dabei kommt er ganz ohne erhobenen
Zeigefinger aus.« Süddeutsche Zeitung

Kurt Bohr
**Verdrängen, Umgehen, Vertagen**
*Wie die politische Klasse versagt*

152 Seiten
ISBN 978-3-936950-76-2
12,90 €

Jason Webster
**Guerra**

*Eine Reise im Schatten des Spanischen Bürgerkriegs*

Aus dem Englischen von Roland Buhles

318 Seiten
ISBN 978-3-941657-32-8
16,90 €

Als Jason Webster in ein altes Landhaus bei Valencia zieht, findet er sozusagen unter der Türschwelle ein Massengrab aus der Zeit des Bürgerkriegs. Er beginnt, die Geschichte des blutigen Konflikts zu untersuchen, den seine spanischen Freunde lieber totschweigen. Webster wird Zeuge eines Faustkampfs, der von Überbleibseln der Falangisten Francos gesponsert wird, die Polizei sperrt ihn ein, ein wunderschöner Transvestit bietet Unterschlupf, Geld und Identität werden ihm gestohlen. Ist es möglich, dass unter der vornehmen und weltzugewandten Oberfläche noch die gleichen dunklen und primitiven Strömungen aktiv sind, die das Land in den Dreißigerjahren an den Rand des Abgrunds brachten?

Jason Webster verbindet die Rückschau auf den Bürgerkrieg mit seinen Rechercheerlebnissen – angelsächsische Reise- und Geschichtsschreibung der allerbesten Art: spannend, unterhaltsam, lehrreich.

Besuchen Sie uns im Internet:
**www.conte-verlag.de**